Yves-Alexandre Thalmann

Être parents sans cesser d'être amants

L'amour après bébé

jouvence
EDITIONS

Du même auteur aux Éditions Jouvence

Se libérer de la tyrannie des répétitions amoureuses, 2007
Vertus du polyamour, 2006
Responsable, oui ! Coupable, non ! 2006
Au diable la culpabilité ! 2005

Extrait de la collection Maxi-Pratiques

Orgasmes : mode d'emploi, Frédéric Ploton, 2008
Zones érogènes : mode d'emploi, Frédéric Ploton, 2008
Burn-out : le détecter et le prévenir, Catherine Vasey, 2007
Accédez à vos ressources,
Francesca Giulia Mereu & Madeleine Rossi, 2007
Petit manifeste du plaisir au féminin, Eva Arkady, 2007
Un cœur en forme, Dr Franck Senninger, 2007
Apprenez à écouter, Christel Petitcollin, 2006
Préparer son accouchement, Sophie Gamelin-Lavois, 2006
L'ethnomédecine, Dr Jean-Pierre Willem, 2006
Comment bien se disputer en couple,
Serge & Carolle Vidal-Graf, 2005
Des pensées pour grandir, R. Poletti & B. Dobbs, 2004
Donner du sens à ses rêves, Jean-Dominique Larmet, 2003

CATALOGUE GRATUIT SUR SIMPLE DEMANDE
ÉDITIONS JOUVENCE
BP 90107 – 74161 Saint-Julien-en-Genevois Cedex
Suisse : CP 184 – 1233 Genève-Bernex
Internet : **www.editions-jouvence.com**
E-mail : info@editions-jouvence.com

ISBN 978-2-88353-661-6

Maquette de couverture et intérieure : Éditions Jouvence

Sommaire

Ce petit livre, je le dédie à la femme qui
partage mon existence depuis plus de dix ans.
Pour la remercier de la deuxième lune de miel
que nous avons vécue.
Dans la réjouissance des suivantes.

Introduction

Ce n'est un secret pour personne : l'amour romantique a tendance à s'éroder avec le temps. La passion des débuts se transforme petit à petit en un sentiment moins brûlant, plus doux. Et parfois, celui-ci tiédit tellement qu'il finit par s'éteindre.

Les raisons de cet affadissement ne manquent pas : la vie quotidienne est soumise à de tels impératifs que le temps dévolu à l'amour finit par manquer. Les soucis professionnels, les exigences démesurées de rendement et autres plans de carrière ambitieux n'expliquent cependant pas tout. Pas plus que le stress ou le surmenage auxquels chacun de nous est journellement confronté !

Le paramètre, souvent déterminant dans l'affaiblissement du couple, est la naissance d'un bébé. Les études sur le bonheur sont unanimes à affirmer que les personnes mariées (ou en couple) sont globalement plus heureuses que les célibataires. Mais, elles nous apprennent également un fait surprenant : le degré de satisfaction générale chute avec l'arrivée du premier enfant. La joie de devenir parent s'accompagne d'une diminution notoire du contentement dans la vie.

En effet, l'arrivée d'un enfant, si merveilleuse et attendue qu'elle soit, provoque une révolution sans précédent : le passage du statut d'amoureux à celui de parents. Deux personnes qui pouvaient auparavant se combler mutuellement en se consacrant presque exclusivement l'un à l'autre, qui jouissaient d'une confortable liberté de leurs faits et gestes, se retrouvent soudain enchaînées à un petit être totalement dépendant. À partir de ce moment, et pour de nombreuses années, c'est lui qui dictera sa loi, son rythme, ses exigences. Les biberons, les couches-culottes et les jouets, puis les bulletins scolaires, viennent subrepticement remplacer les dessous sexy et les soupers aux chandelles. Les ouvrages coquins qui se lisaient à quatre yeux font place aux aventures palpitantes de Winnie l'ourson et des Schtroumfs. En résumé, l'intimité du couple subit l'inexorable envahissement de la vie de famille.

C'est ainsi que la passion amoureuse s'estompe devant les nécessités du quotidien, que les tendres élans de jadis se transforment en brefs contacts et en étreintes fatiguées par des nuits sans sommeil et des jours débordants de soucis et de tracasseries.

Il est certes illusoire de vouloir faire durer la passion éternellement ! Mais, cela ne signifie pas pour autant qu'il faille se résigner au démantèlement de nos amours. La vie de famille est une chose, la vie de couple en est une autre. Les enfants apportent une plénitude qui devrait enrichir le lien amoureux des parents sans jamais se substituer à lui. Car un jour les enfants voleront de leurs propres ailes et s'en iront. Et ce jour risque de faire apparaître non plus deux amants passionnés qui s'étaient choisis entre tous, mais deux étrangers n'ayant plus rien à se dire en tête-à-tête.

Oui, il existe des moyens de maintenir la force du lien amoureux malgré la venue d'enfants et malgré le stress du quotidien. Oui, il existe des façons de redonner vie à un amour refroidi, de faire renaître le feu sous la cendre, pour peu que nous le souhaitions vraiment.

C'est de ces moyens dont il est question dans cet ouvrage. Certains couples ont eu la chance de les trouver au hasard de leur chemin. D'autres ont dû travailler intensément sur eux-mêmes pour les découvrir. Mais rares sont ceux qui ont reçu un ouvrage de recettes toutes faites à ce sujet. C'est dire que ce petit livre fait de vous, chère lectrice, cher lecteur, des veinards.

Des veinards, mais pas forcément des cordons bleus de la cuisine amoureuse, tant il est vrai qu'un livre de recettes n'a jamais nourri personne ! Reste encore à mettre en pratique les suggestions proposées ! À vous, donc, de sélectionner parmi les menus affichés ceux qui titillent vos papilles et vous font saliver.

Et n'oubliez pas que l'appétit vient en mangeant : il faudra peut-être vous motiver au début, mais une fois que vous aurez réanimé et vivifié les forces de l'amour, celles-ci risquent bien de vous emmener sur des chemins de satisfaction et d'épanouissement sans précédent... que d'aucuns nomment le septième ciel.

Au plaisir de vous y retrouver !

I

Aimer toujours… moins

Avant de passer en revue les différentes recettes pour vivifier l'amour, il est nécessaire de comprendre pourquoi la passion amoureuse perd graduellement en intensité, régulièrement mais inexorablement. Quelles sont les forces qui jouent contre l'attraction des partenaires au fil du temps ? Qu'est-ce qui fait que la promesse d'aimer toujours se transforme trop souvent en constat d'aimer toujours moins ?

Nous commencerons par décrypter les rouages de l'amour, notamment sa biochimie. En effet, même si la passion est ineffable, elle est toujours tributaire des mécanismes cérébraux qui la rendent possible. Nous restons des êtres incarnés et c'est uniquement en tant que tels que nous pouvons éprouver des sentiments (du moins selon nos conceptions scientifiques actuelles).

Sur ces bases générales viendra ensuite se greffer la question de l'arrivée des enfants. Le séisme engendré par la naissance d'un bébé dans la vie du couple, puis la transmutation forcée d'amoureux en parents, seront décodés afin d'en repérer les pièges.

Des neurotransmetteurs récalcitrants

S'il y a une expérience humaine qui subit particulièrement les outrages du temps, c'est bien le sentiment amoureux ! Nulle passion amoureuse ne saurait en effet se maintenir dans la durée, comme chacun en a fait, ou en fera, la triste expérience. Au mieux, elle se transforme en une tendre affection, au pire, elle se consume et s'éteint.

Ce constat navrant, que la littérature et le cinéma nous répètent à l'envi, se trouve maintenant confirmé par la science. En effet, d'un point de vue strictement biologique, l'émotion amoureuse se joue à travers des échanges savants et précis de neurotransmetteurs dans notre cerveau. Précisons qu'il n'est pas question ici de réduire l'amour à des réactions chimiques au sein de notre boîte crânienne. Mais la passion, si intense soit-elle, ne peut survenir sans ces réactions chimiques !

L'état euphorique éprouvé par les amoureux n'est pas sans rappeler les témoignages relatés suite à l'absorption d'héroïne ou de cocaïne. Et pour cause, ce sont les mêmes mécanismes cérébraux qui entrent en jeu dans les deux types d'expérience : les circuits du plaisir et de la récompense. Pour l'amoureux, la présence de l'autre amène une libération d'endorphines, les hormones naturelles du plaisir. Une fois l'effet de bien-être dissipé, il n'aura de cesse de retrouver cette sensation agréable, poussé par certaines zones cérébrales réagissant fortement à la dopamine, un neurotransmetteur responsable de la motivation.

Ainsi fonctionnent les circuits cérébraux du plaisir : rechercher la présence de l'autre sous l'action de la dopamine, éprouver du plaisir en sa compagnie grâce aux endorphines, ressentir le manque lorsque l'effet euphorisant vient à s'atténuer, ce qui amène une nouvelle recherche de présence pour combler le manque, etc.

L'amoureux est en quelque sorte un drogué de l'amour, recherchant en permanence les sensations dues à la proximité de l'autre. Un autre à qui il finit par s'attacher sous l'influence de l'ocytocine, une molécule capable d'induire un effet global de bien-être en contrecarrant les hormones du stress, principalement l'adrénaline et le cortisol.

C'est donc cette chorégraphie parfaitement orchestrée de la dopamine, de l'ocytocine et des endorphines qui caractérise l'état très particulier ressenti par l'amoureux : excès d'énergie, impression d'être survolté, plaisir parfois extatique, sensation de manque, etc. Même la fascination, voire l'obsession pour la personne aimée pourrait trouver une explication dans une baisse du taux d'un autre neurotransmetteur, la sérotonine, dans certaines aires cérébrales.

Or, chacun sait que les drogués doivent progressivement augmenter la quantité de substances, sous peine de voir leurs effets diminuer. On parle d'accoutumance : la même dose de produit provoque des effets moindres. Il en va de même pour les flux biochimiques dans le cerveau de l'amoureux. Avec le temps, les effets s'atténuent et la passion dévorante cède la place à une tendre affection[1]. Les spécialistes s'accordent actuellement sur une durée moyenne oscillant entre dix-huit et trente-six mois pour ce phénomène.

Une conclusion s'impose déjà à ce stade de la réflexion : il est *naturel* que la passion amoureuse s'estompe après quelque temps. Ajoutons : heureusement ! En effet, la passion est très éprouvante et les émotions qu'elle draine, pas toujours agréables, ont tôt fait d'épuiser les amoureux. De plus, la quasi-obsession des amoureux pour leur partenaire

[1] Dans le meilleur des cas. Il se peut aussi que l'individu soit un drogué de l'amour : celui-ci va alors quitter son partenaire pour vivre une nouvelle passion avec quelqu'un d'autre, dans un cycle sans fin.

les rend souvent asociaux, improductifs, distraits, en retrait du monde et de ses problèmes. Un jeune transi d'amour préfère-t-il passer une soirée romantique en tête-à-tête ou aller manifester dans la rue contre le réchauffement climatique ? Et serait-il possible à un couple enlisé dans la passion d'accueillir un bébé et surtout de lui donner les soins nécessaires ?

Il est naturel que la passion amoureuse s'estompe après quelque temps.

Il est naturel que la passion s'estompe au fil du temps, telle est notre programmation biologique. Mais, n'oublions pas que c'est cette même programmation qui rend possible l'expérience amoureuse et que le nombre d'épisodes n'est, quant à lui, pas limité. En effet, on peut tomber amoureux à de nombreuses reprises et, cela, à tout âge. Certaines personnes s'enflamment fréquemment et semblent ainsi amoureuses tout au long de leur vie.

Le mécanisme de la passion est limité dans le temps, mais pas en nombre d'occurrences. L'efficacité de certaines réactions hormonales finit naturellement par s'amoindrir, mais rien n'empêche qu'un nouveau cycle soit initié. C'est en ceci que réside l'espoir pour les couples qui souhaitent s'aimer dans la durée.

Le triangle de l'amour

Non seulement l'affadissement de la passion amoureuse est naturel, mais il est également normal, c'est-à-dire qu'il représente la norme. Tous les sondages et enquêtes statistiques le confirment : l'état amoureux s'estompe dans les mois, pour certains chanceux les années, qui suivent la rencontre. Une sorte de rééquilibrage des sentiments se produit : celui-ci laisse moins de place à la passion, certes intense mais volatile, et investit davantage dans la complicité et la tendre intimité, plus tièdes, mais plus sécurisantes. C'est sur cette base qu'un engagement à long terme devient possible.

Passion, intimité et engagement sont donc les trois ingrédients d'une relation amoureuse épanouissante. On doit au psychologue Robert Sternberg l'organisation de ces différents éléments sous forme d'un triangle. La passion est définie comme l'attraction physique ainsi que le désir sexuel et romantique pour un autre être ; l'intimité est un sentiment chaleureux de proximité et de lien avec lui ; l'engagement est l'intention ferme de maintenir une relation à court ou à long terme avec lui.

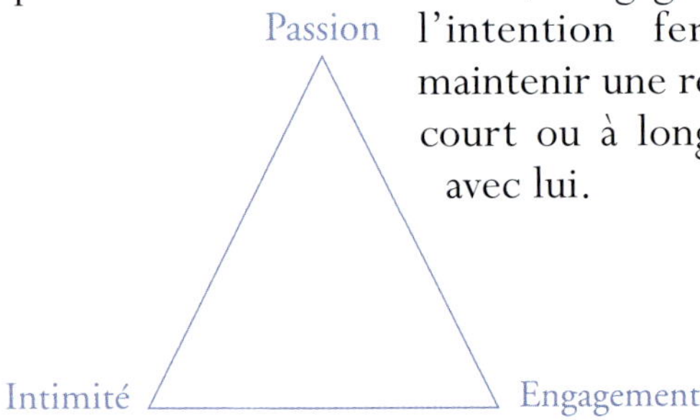

Chaque relation amoureuse combine de façon particulière ces trois composantes, l'idéal étant, selon Sternberg, d'atteindre un équilibre entre les trois. Il devient ainsi possible de classifier les relations en fonction de l'intensité de ces trois ingrédients. Par exemple, la présence d'intimité uniquement sera vécue comme de l'amitié ou de l'affection ; la passion produira un engouement passager et investi principalement sur le plan physique ; quant à l'engagement seul, il représente un amour vidé de sa substance, où le devoir uniquement dicte la continuation du lien ; l'amour dit *romantique* comprend surtout de l'intimité et de la passion, mais peu d'engagement ; l'amour de *compagnonnage* s'ancre, quant à lui, essentiellement dans l'intimité et l'engagement ; enfin, la conjonction de la passion et de l'engagement sans intimité est qualifiée d'insensée, *l'amour fou* au sens propre du terme, car très risqué.

Grâce à cette représentation, il est possible de figurer chaque relation amoureuse par un point sur le triangle. Plus ce point est proche d'un angle, plus la relation contient de cet ingrédient. Au contraire, plus le point est distant d'un sommet, et moins la relation se caractérise par cette composante. Par exemple, une relation faite de beaucoup de complicité et de confiance, de plaisir à être ensemble, mais sans véritable projet de vie commune et sans trop de désirs sensuels est représentée de la façon suivante :

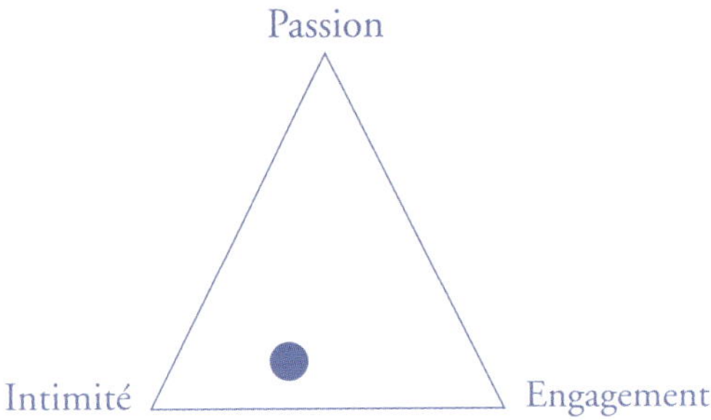

L'utilisation de ces trois pôles permet de décrire l'évolution des rapports amoureux au fil du temps. En effet, une histoire d'amour débute habituellement par une phase caractérisée par beaucoup de passion, un peu d'intimité et très peu d'engagement. Par la suite, l'intimité augmente en même temps que l'on apprend à mieux connaître l'autre, alors que la passion cède généralement du terrain. Se pose alors la question d'un engagement à plus long terme. Les couples qui décident de rester ensemble et de forger un projet commun présentent alors un haut degré d'engagement. En résumé, alors que la passion diminue, l'intimité et l'engagement augmentent avec les mois jusqu'à trouver un équilibre. Tel est en tout cas le déroulement d'une histoire d'amour standard.

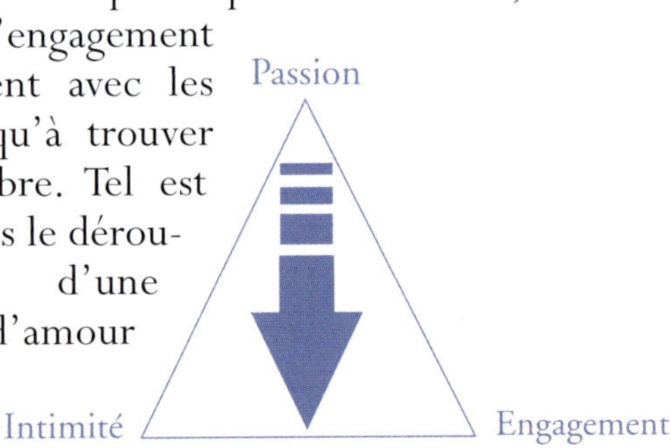

Alors que la passion diminue, l'intimité et l'engagement augmentent jusqu'à trouver un équilibre.

Il est donc normal, au sens statistique du terme, que la passion amoureuse cède le pas à des sentiments plus calmes, plus posés. Mais, il n'est pas pour autant souhaitable qu'elle déserte totalement le couple. En fait, cette diminution n'est ni totalement inéluctable ni totalement irréversible !

L'usure du temps

Cette description vous effraie ? Cette débandade de la passion vous démoralise ? C'est pourtant ce que le langage populaire désigne par l'usure du temps. En terme plus concret, il s'agit d'un ennui ressenti lorsque la relation devient routinière, répétitive, lorsque le partenaire n'offre plus de nouveautés à découvrir. On pourrait, comme avec les drogues, parler d'accoutumance.

Ce phénomène d'ennui n'est pas uniquement présent chez les êtres humains. Il apparaît également chez d'autres espèces. Il a par exemple été observé chez les rats et peut être mis en évidence par l'expérience suivante : on place un rat dans une cage où se trouve une femelle réceptive sur le plan sexuel. Le rat la couvre de ses ardeurs une première fois, puis une deuxième, et ainsi de suite jusqu'à six fois environ. Puis, soudainement, il se désintéresse de la femelle. On pourrait penser qu'il est fatigué et qu'il a besoin de récupérer ses forces. Mais, si l'on échange la femelle contre une autre, une « nouvelle », le voilà qui recommence son jeu et qui l'honore à nouveau six fois de suite. De même, la femelle déjà honorée placée dans une autre cage avec un mâle inconnu se retrouve, elle aussi, entreprise à six reprises par son nouveau compagnon.

La conclusion de cette expérience est bien à chercher du côté de l'ennui. C'est la lassitude face au connu qui exerce un effet démotivant. Au contraire, la nouveauté est source de stimulation et de regain de forces. Chez les humains, on parle même de seconde jeunesse pour les personnes qui tombent amoureuses en milieu de vie.

Cet effet de lassitude porte le nom d'effet Coolidge, du nom d'un président américain. On raconte que, lors de visites d'exploitations agricoles de son pays, un taureau reproducteur lui fut fièrement présenté : « Celui-ci est capable d'inséminer dix-sept vaches d'affilée. » La femme du président se serait alors tournée vers son mari, dit-on, en s'exclamant : « Tu vois, chéri, dix-sept fois d'affilée ! » Ce à quoi le président lui aurait répondu : « Oui, mais pas dix-sept fois avec la même ! »

La lassitude face au connu exerce un effet démotivant. C'est l'effet Coolidge.

L'usure du temps, ou l'ennui, se traduit notamment chez les couples par une baisse régulière de la fréquence des rapports sexuels au fil des années. De plus de trois rapports par semaine dans les premiers temps de fréquentation, celle-ci chute à moins d'un rapport hebdomadaire vingt ans plus tard. Et ce n'est pas une question de vieillesse, puisqu'un couple de personnes âgées nouvellement constitué affichera une fréquence identique à celle de jeunes tourtereaux.

On pourrait objecter que ces constats ciblent exclusivement la sexualité et pas forcément les sentiments amoureux. Mais, malheureusement, tous les autres indicateurs marquent la même baisse : la fréquence des

gestes d'affection (toucher l'autre, le caresser, le serrer contre soi, l'embrasser...), le nombre de mots tendres prononcés, le temps passé à communiquer avec son partenaire, etc. Les manifestations de tendresse et, partant, les sentiments amoureux, subissent donc les assauts du temps au même titre que l'intensité du désir sexuel. *Amour* et *toujours* ne semblent avoir que la rime en commun...

Les manifestations de tendresse subissent les assauts du temps au même titre que l'intensité du désir sexuel.

Ce n'est évidemment pas le temps en lui-même qui est un facteur déterminant dans ce tiédissement de la tendresse amoureuse, mais l'ennui qu'il génère. Plus exactement, c'est le manque de nouveauté, l'habitude, la routine, qui sont responsables du désintérêt progressif qui mine les membres du couple. Le désir se nourrit de mystère, de changement, de surprise. Au contraire, il s'étouffe dans la répétition et la monotonie. L'effet Coolidge n'est que la manifestation biologique de cette règle générale : le quotidien répétitif est certes rassurant, mais également démotivant.

L'ennemi à combattre est ainsi tout désigné : la routine. Les armes à disposition : originalité, créativité, renouvellement et, surtout, une forte envie de placer la relation amoureuse au centre de ses préoccupations et de ses efforts.

Les relations, comme toutes choses, nécessitent qu'on s'en occupe, sous peine de se dégrader.

Objectif : bébé

Jusque-là, notre réflexion a été menée sans tenir compte de l'existence des enfants. On pourrait même penser que le tiédissement de la passion amoureuse est indépendant de la naissance des bébés. Ce qui est à la fois juste et faux !

Cette affirmation est correcte dans le sens où un couple qui décide de ne pas avoir d'enfant, ou qui ne peut pas en avoir, subira le même émoussement des sentiments qu'un autre qui deviendra parent, à peine peut-être plus lentement.

Mais un autre élément intervient : la durée de la passion semble avoir été programmée justement en fonction de la reproduction. L'existence même de l'embrasement amoureux paraît être une ruse de la nature en vue de la perpétuation de l'espèce. En effet, la vie tente d'augmenter au maximum les chances d'une reproduction efficace. Et une bonne dose d'hormones semble nécessaire pour amener deux individus à se lancer dans les aléas de la procréation : perte de liberté, dépendance, contraintes en tout genre, partage des ressources disponibles, sans même évoquer pour les femmes les risques de la grossesse et les douleurs de l'accouchement.

Chez les humains, où les petits sont extrêmement immatures à la naissance, il est nécessaire que des adultes prennent soin d'eux. Non seulement une mère, mais aussi un père, puisque la femme seule se trouve habituellement trop affaiblie au moment de l'accouchement et pendant les semaines qui suivent pour s'occuper seule de sa progéniture (on parle ici de nos ancêtres préhistoriques). La mise en place de mécanismes d'attraction et d'affectivité d'une certaine durée semble donc être une réponse de l'évolution pour augmenter les chances de survie des petits.

Mais ces mécanismes sont coûteux sur le plan énergétique. Être amoureux pousse certes à l'acte sexuel, mais consomme également de nombreuses ressources émotionnelles et mentales. Du moment où ces mécanismes ont rempli leur mission, c'est-à-dire la mise au monde d'une progéniture viable, ils deviennent superflus, voire contre-productifs si les individus continuent à se regarder dans le blanc de l'œil plutôt que d'aller à la chasse, de semer leurs graines ou d'élever leurs petits. C'est pourquoi la passion est programmée dans nos gènes pour s'atténuer progressivement, à mesure que les petits deviennent plus autonomes, soit sur une durée d'environ trois ans.

La reproduction semble donc être la finalité – en même temps que la raison – de la passion amoureuse. En d'autres termes, la passion naît de la nécessité reproductive (au niveau de

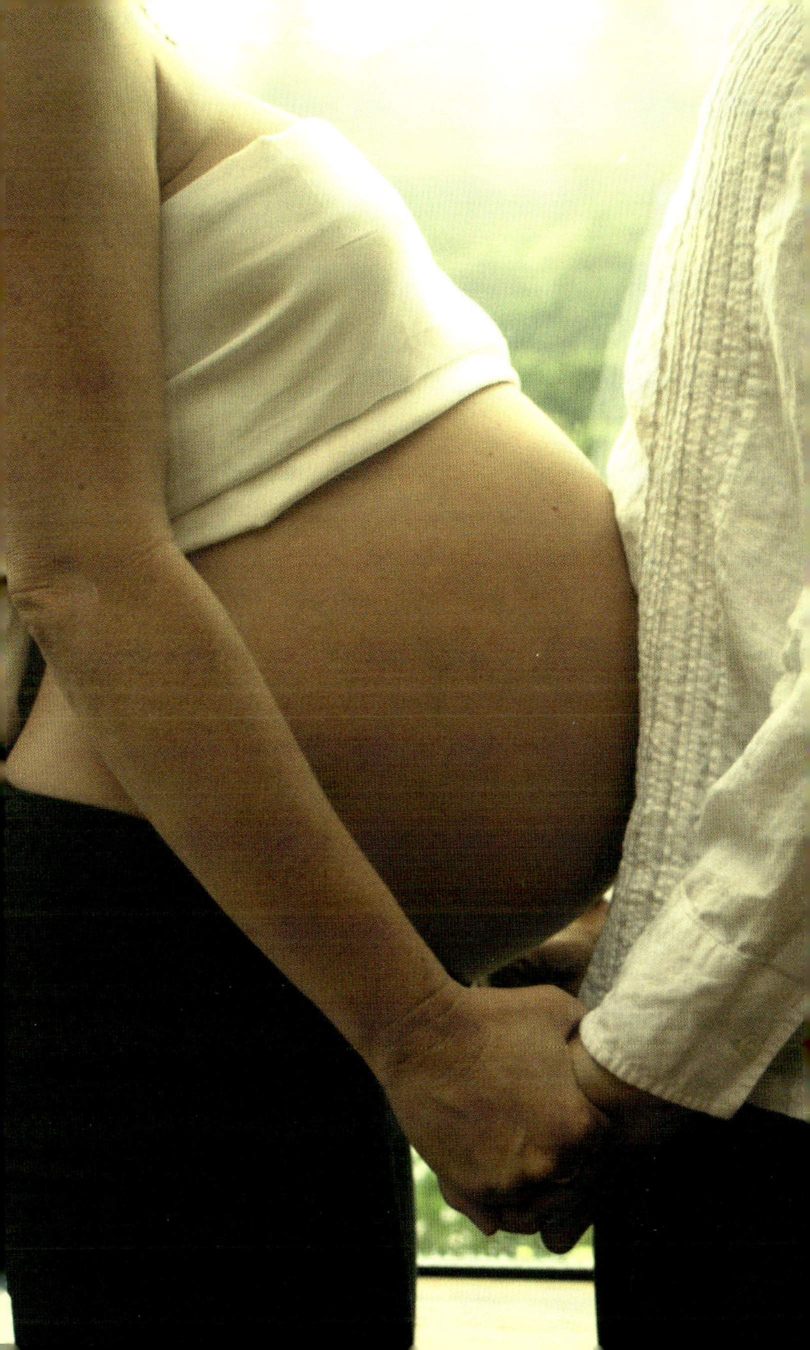

l'espèce) et commence à s'éteindre, au plus tard, avec l'arrivée de bébé (au niveau de l'individu) ! Mais, heureusement, nous sommes bien plus qu'une machine biologique prédéterminée. Nous disposons d'un degré de liberté et de créativité tel que nous sommes capables de feinter notre programmation génétique.

La passion commence à s'éteindre, au plus tard, avec l'arrivée de bébé.

De la fusion à la fission

Une des caractéristiques essentielles de la passion amoureuse, c'est l'exclusivité ! Elle se vit à deux, et uniquement à deux. Le tiers en est définitivement exclu. Les amoureux recherchent l'isolement vis-à-vis de la société. Ils paraissent se suffire à eux-mêmes, dans une délicieuse fusion autistique. Le monde extérieur cesse d'exister, ses exigences sont plus douces, ses contours plus arrondis.

Ce mouvement nombriliste des couples amoureux s'inscrit, comme la passion elle-même, dans des mécanismes biochimiques : sous les effets conjugués d'une élévation des taux de dopamine et de noradrénaline et d'une diminution de la sérotonine, qui sont trois neurotransmetteurs, une grande partie des pensées de l'amoureux va être dirigée vers la personne aimée, la rendant à la fois unique et exceptionnelle. En sa présence, son cerveau

libère des endorphines, hormones du bien-être, le rendant, en quelque sorte, dépendant d'elle. L'exclusivité amoureuse s'ancre donc dans notre constitution cérébrale, avant même d'être un diktat culturel. En effet, même dans les sociétés qui pratiquent la polygamie, la période amoureuse reste généralement monogame.

Or, l'arrivée d'un bébé dans le couple modifie radicalement la donne. Ce petit être rompt irrémédiablement la fusion dans laquelle pouvaient encore se complaire les deux adultes quelques jours avant sa naissance. Le bébé oblige littéralement le couple à briser son cocon à deux places. On pourrait dire qu'il induit, par sa seule présence, un mouvement « fissionnel » au sein du noyau fusionnel du couple. Cette distance créée entre les amoureux se manifeste physiquement, d'abord par le volume du ventre de la femme enceinte, ensuite par le nourrisson occupé à téter le sein de sa mère, puis par la place qu'il prend (parfois) au centre du lit conjugal (reléguant le père sur le sofa du salon).

L'éloignement induit par le bébé n'est cependant pas seulement physique, mais aussi psychologique : les innombrables préoccupations à son sujet viennent remplacer les douces pensées consacrées auparavant au partenaire amoureux. Ce dernier peut alors connaître une impression d'isolement, d'abandon, voire de rejet.

Suite à l'arrivée de bébé, le père peut parfois connaître une impression d'isolement, d'abandon, voire de rejet.

Cet effet est d'ailleurs ressenti avec plus d'intensité par le père que par la mère. D'une part, la mère connaît une nouvelle symbiose, cette fois-ci avec son enfant. La grossesse est une expérience très forte pour elle, durant laquelle elle sent cette présence dans son corps, en quelque sorte la remplir. Le futur père, par contre, assiste au repli sur elle-même de sa compagne, ce qui peut quelquefois faire naître un sentiment d'exclusion, qui peut aller jusqu'à de l'agressivité mêlée de jalousie envers le fœtus. À ce sujet, les statistiques nous apprennent qu'il y a un pic d'infidélité de la part des hommes au moment de la naissance de leur premier enfant.

La sortie de la fusion amoureuse prend encore un autre aspect à l'arrivée du bébé. La passion avait réussi à effacer temporairement les différences entre les amants. L'amour rend aveugle, dit la sagesse populaire. Une fois encore, certains mécanismes biochimiques sont responsables de ce phénomène d'assoupissement de l'esprit

critique. Toujours est-il que, sous leur influence, les partenaires étaient plus attentifs à leurs points communs qu'à leurs différences (et défauts).

À la naissance d'un bébé, si les parents vivaient encore une passion, le charme est rompu, et les différences commencent à apparaître brutalement. Qui plus est, ces différences concernent justement le petit, la façon de le nourrir, de lui donner des soins et de s'en occuper. Ce n'est rien de moins que deux conceptions uniques de l'éducation qui s'affrontent. Même si le fondement de celle-ci est identique pour chacun, des disparités finissent obligatoirement par apparaître, créant des différends entre les parents.

Un vers dans le fruit de nos amours

La distance psychologique et physique entre les amants, induite par l'arrivée du bébé, n'est cependant pas grand-chose en comparaison de ce qui les attend : un nouveau métier à part entière, celui de parents. Bonjour le stress !

Peut-on réellement être préparé à un tel changement ? Avoir la charge d'un être totalement dépendant, incapable de subvenir au moindre de ses besoins, c'est un travail à plein temps. Et pas un de ces plein temps qui occupe 35 ou 42 heures par semaine, mais une occupation sans aucun répit, 24 heures sur 24. Donc aussi la nuit : la qualité et la quantité de sommeil en prennent un sérieux coup.

Toute la vie des parents doit être réorganisée en fonction des besoins du bébé, puis de l'enfant grandissant. Chaque jour exige un trésor d'imagination et d'organisation pour faire face à des demandes incessantes d'adaptation : jongler avec les horaires de garderies ou d'écoles, les visites chez le médecin, les impératifs professionnels, les tâches ménagères urgentes, etc. C'est la définition même du stress : réaction de l'organisme à toute demande d'adaptation qui lui est faite.

La vie de famille n'a ainsi rien d'une sinécure, même si elle réserve aussi des moments formidables. Elle est à ce point prenante qu'elle aurait tendance à déborder sur d'autres dimensions de l'existence, notamment sur la sphère du couple. Comme le temps à disposition n'est pas élastique, c'est son organisation qui doit être modifiée : ce qui est donné à une activité est forcément pris à une autre, comme la répartition de liquide dans des vases communicants.

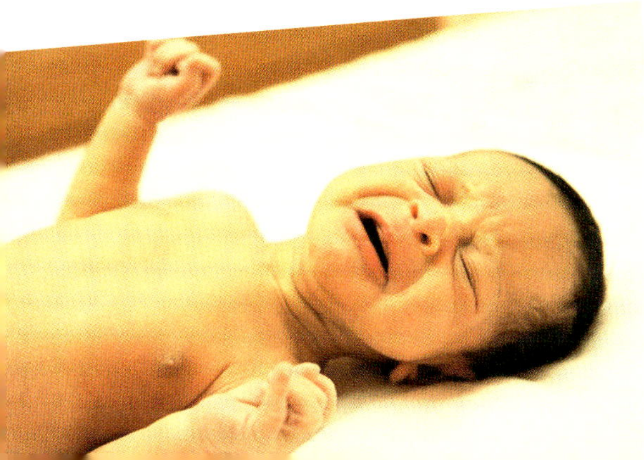

Traditionnellement, on assiste chez la femme à un surinvestissement de la vie familiale, c'est-à-dire des préoccupations tournant autour des enfants et de la tenue du ménage. Se faisant, elle répond sans doute à un conditionnement culturel. Mais au final, c'est bien la dimension conjugale qui y perd.

Traditionnellement, on assiste chez la femme à un surinvestissement de la vie familiale.

De son côté, le père, voyant le terrain de la famille déjà surinvestit par sa compagne, risque de ne plus trouver l'espace nécessaire. Il aura alors tendance à s'orienter vers l'extérieur, c'est-à-dire à se consacrer à son travail, à des activités associatives ou politiques, voire à ses loisirs. Le stéréotype de madame avec trois enfants accrochés à ses jupes alors qu'elle prépare le repas pour monsieur qui arrive tard du travail et repart aussitôt après pour rejoindre ses amis, la fanfare du village ou la selle de son vélo, n'est pas loin !

L'espace propre au couple parental est ainsi menacé de toute part. La famille vient empiéter sur son territoire, lui grignoter son temps. De plus, les sources d'intérêt extérieures représentent aussi des tentations, sous formes de loisirs, d'activités sociales, ou même d'un travail prenant et gratifiant. Si bien que,

parfois, l'amour déserte la dyade parentale… et se retrouve dans une relation extraconjugale.

Arrivés au terme de cette première partie, nous constatons que les élans amoureux du couple devenu parents ont toutes les chances de diminuer en intensité et en fréquence, si rien n'est entrepris pour contrer le mouvement. L'affaiblissement de la passion est naturel et normal. Habituellement, il suit une pente si douce que l'on ne se rend même pas compte de la glissade.

Mais qu'un phénomène soit naturel et normal ne signifie pas encore qu'il faille s'y résigner. Les maladies, qui sont naturelles puisque présentes dans la nature, peuvent pour beaucoup être enrayées par des traitements adéquats. De même qu'il était naturel il y a quelques siècles encore de mourir à l'âge d'une quarantaine d'années : c'était l'espérance de vie des êtres humains.

La normalité, pour sa part, indique le chemin emprunté par le plus grand nombre, mais certainement pas la voie la plus épanouissante. À l'heure actuelle où le taux de divorces est en passe de franchir la barre des 50 %, les couples qui continuent à s'aimer représentent une anormalité. Pensons également aux maladies dites incurables, qui laissent des chances minimes de guérison : il y a du bon, parfois, à représenter l'exception statistique.

En ce qui concerne la vie de couple, la diminution de la passion est, certes, naturelle et normale. Mais elle n'est pas irréversible. Il existe des moyens de la contrecarrer, comme peuvent le témoigner ces couples au long cours qui continuent à s'aimer intensément après des décennies de vie commune et plusieurs enfants. Pour découvrir leurs secrets, il vous suffit de tourner la page…

Un phénomène normal, naturel, mais pas irréversible !

II
Vers une nouvelle lune de miel

Vous voilà parents d'un ou plusieurs enfants et vous vous rendez compte que la passion s'est émoussée. Vos sentiments pour votre partenaire sont encore bien présents, mais plus proches d'une tendre amitié ou d'un doux compagnonnage que de l'extase des débuts.

Cependant, vous vous surprenez à imaginer des étreintes exaltées ; vous vous découvrez nostalgiques en repensant au passé ; vous rêvez devant certains films mettant en scène des rencontres amoureuses torrides ; vous sentez l'ardeur amoureuse assoupie en vous qui ne demande qu'à se réveiller ; en un mot, vous souhaiteriez à nouveau prendre un ticket vers le septième ciel, dans votre corps et dans votre cœur.

Mais attention ! Qui dit passion amoureuse dit également grand chambardement ! Voulez-vous vraiment (re) vivre une passion ? La question est d'importance, prenez le temps d'y réfléchir. Aspirez-vous réellement à jouir d'étreintes enflammées, mais talonnées de moments de manque cruel ? Souhaitez-vous vraiment vivre des émotions intenses, mais porteuses d'orages ? Des instants sublimes, mais suivis de terribles doutes ? Ravissement à la réception d'un message d'amour, joie des rendez-vous galants, émerveillement devant tant de complicité, mais angoisse née d'un retard de l'être aimé, suspicion devant un sourire adressé à un(e) possible rival(e), tristesse de l'oubli d'une date anniversaire ou d'un cadeau ne reflétant pas vos goûts, etc. La passion n'est pas de tout repos : elle est exigeante et ne laisse que peu de répit. Sans compter la crainte de voir votre amoureux sortir de la phase passionnelle avant vous ?

Peut-être vous résignez-vous à ce que la passion ne soit plus pour vous ! Vous craignez de réveiller un volcan aux éruptions incontrôlées et destructrices. Mais, pourquoi ne pas tenter, plus modestement, de dynamiser votre relation de couple, de vivifier votre amour, de le nourrir, de le faire croître, sans tous ces raz de marée. Vous avez certainement envie de redonner à votre couple une dimension qu'il avait perdu au profit de la vie de famille. En résumé, vous aimeriez renouer avec un peu de passion, mais pas trop.

Un peu de passion, mais pas trop !

Quelles que soient vos attentes, vous trouverez des suggestions adaptées dans les pages suivantes. Dans un premier temps, les ingrédients généraux qui participent à la dynamisation du couple seront exposés, comme une sorte d'abécédaire de la relation amoureuse. Les recettes concrètes feront l'objet d'un chapitre ultérieur.

Une question de priorité

Le but n'est, en définitive, pas si inaccessible ! Il n'est pas si difficile de vivifier le couple devenu parents, parce qu'au cœur de cette démarche, il y a une question de choix et de priorité.

L'univers est soumis à une loi que les physiciens appellent l'entropie. Celle-ci stipule que lorsqu'on laisse un système à lui-même, il évolue naturellement vers plus de désordre. Par exemple, si l'on secoue un bocal où sont placées des billes noires en dessous et des billes blanches au-dessus, on retrouve après quelque temps un mélange aléatoire des deux couleurs dans tout le récipient. De même, si l'on place un corps chaud en présence d'un froid, les deux deviennent tièdes. Enfin, une maison laissée à l'abandon finit par devenir une ruine inhabitable, comme un jardin sans soin se fait envahir par les mauvaises herbes.

Il faut donc exercer une action volontaire pour que l'ordre se maintienne, pour lutter contre l'entropie. En d'autres termes, si on laisse aller un système à lui-même, il a tendance à se dégrader. C'est pourquoi toutes les machines élaborées par les humains ont un besoin régulier de maintenance.

Il faut exercer une action volontaire pour que l'ordre se maintienne.

On oublie malheureusement trop souvent que les relations aussi nécessitent de l'entretien. Si l'on ne fait rien pour en préserver le bon état de marche, elles s'encrassent, se grippent et finissent par se casser. Ceci est valable pour l'amitié, mais encore plus pour l'amour, plus fragile par définition.

C'est pour avoir négligé cette règle que de nombreux époux se retrouvent, quelques années plus tard, au nombre des divorcés. Le mariage, en tant que contrat ou cérémonie, n'est pas une garantie de bon fonctionnement de l'union. Peut-être même est-ce le contraire ! L'erreur est de penser qu'une fois marié, nous pouvons nous laisser aller, car l'amour de l'autre nous est acquis. Il a promis de nous aimer jusqu'à sa mort, quand même ! Eh bien non, son amour ne nous est jamais acquis. Il dépend de la qualité de la relation que nous sommes capables d'entretenir avec lui. En ce sens, le lien amoureux ressemble à un chantier où il y a toujours des travaux à faire…

Le maintien de sentiments amoureux dans la durée est affaire de choix ! De même, celui qui souhaite entretenir sa forme physique doit décider d'un programme d'activités sportives et s'y tenir. Plus simplement, cela consiste à donner à la vie de couple une priorité sur d'autres occupations. S'il est possible de consacrer une ou deux soirées par semaine à un entraînement de football, il n'y a aucune raison de ne pas trouver de temps pour son couple.

S'investir dans la relation amoureuse, la choyer, la bichonner, tel est le secret des personnes qui parviennent à rester longtemps amoureuses. Quitte à faire passer au second ou au troisième plan d'autres domaines, voire de les sacrifier ! C'est une question de priorité.

S'investir dans la relation amoureuse, la choyer, la bichonner, tel est le secret des personnes qui parviennent à rester longtemps amoureuses.

Bien sûr, un tel choix représente un coût en temps et en énergie. Et chacun sait que la vie actuelle est déjà exigeante. Quand en plus d'une occupation professionnelle, il y a des enfants qui réclament leur dû d'attention et de soin, les ressources disponibles s'amenuisent d'autant. La règle d'entropie, appliquée à la famille, prédit que les plus fortes demandes vont étouffer progressivement les autres, c'est-à-dire que les enfants vont empiéter de plus en plus sur la vie personnelle et sentimentale des parents et, qu'au final, on assistera à un beau mélange au goût de chaos.

Certains parents objectent qu'ils n'ont pas vraiment le choix : les pleurs d'un bébé durant la nuit, la maladie d'un enfant ou ses problèmes scolaires doivent obligatoirement passer avant l'envie d'effectuer des galipettes coquines. Bien entendu ! Mais cet argument ne serait-il pas déjà le signe d'une insatisfaction conjugale ? Car il y a

plusieurs types de priorités : une maladie et les soins qu'elle nécessite sont certes prioritaires. Mais heureusement, dans la majorité des foyers, les enfants ne sont pas trop souvent malades, ils dorment convenablement et ils n'ont pas trop de difficultés scolaires.

Les enfants ne doivent pas toujours passer avant le couple. Il y a un temps pour chaque chose et la vie intime des parents doit demeurer en tête de liste sous peine de s'affadir au point de disparaître. Le couple doit rester couple, et s'en donner les moyens, quand bien même il a hérité d'une charge parentale.

Pour s'en souvenir, on pourrait dresser une liste de priorités, de la plus prédominante à la moins importante. Par exemple :

Échelle de priorité

10	Situations exceptionnelles : urgences, accident, maladie, problème grave, etc.
	Vie de couple et vie de famille, obligations professionnelles
	Famille élargie
	Temps de repos et de récupération
	Amis
	Activités sociales, activités religieuses
1	Loisirs, distractions

Dans cet exemple, vie de couple et vie de famille sont sur le même palier, en haut de l'échelle. À certains moments, les enfants deviennent prioritaires (visite d'un parc d'attraction, aide pour les tâches scolaires, etc.), alors qu'à d'autres, c'est le partenaire amoureux (soirée au restaurant, cinéma, sortie au dancing, etc.) qui l'est, suivant les circonstances. À noter encore que le temps consacré aux enfants décroît en fonction de leur âge, tant il est vrai qu'un nourrisson demande plus de présence qu'un adolescent.

Il est nécessaire de lutter pour défendre le territoire du couple.

En résumé, il est nécessaire de lutter pour défendre le territoire du couple : lutter pour sauvegarder des espaces de communication confidentielle d'où les enfants sont exclus ; lutter pour conserver des activités et des sorties en couple, pour le seul plaisir des adultes et où les enfants ne sont pas invités ; lutter pour préserver des espaces privés, par exemple la chambre à coucher des parents, où les enfants sont indésirables (même si un petit traverse le complexe d'œdipe, les adultes doivent être clairs à ce sujet : « Non, tu ne pourras pas épouser maman, car elle est déjà mariée à papa. C'est lui mon amoureux, tu en trouveras une autre rien que pour toi quand tu seras plus grand. ») ; lutter pour sauver des moments précieux à deux, et uniquement à deux. Et vive les grands-parents, les garderies, les nounous et autres mamans de jour !

N'oublions pas qu'un enfant apprend vite : si, dans la nuit, un parent surgit au moindre cri pour le consoler, il intégrera qu'à chaque bobo ou contrariété, il faut se manifester. Au contraire, si les adultes lui signifient clairement qu'ils ne veulent pas être dérangés pour un rien, qu'ils le laissent pleurer un certain temps avant d'intervenir, l'enfant se responsabilisera davantage. Et les parents pourront enfin fermer la porte de leur chambre à coucher pour s'adonner à d'autres activités que la tension d'oreille à l'affût du moindre bruit dans la pièce voisine.

Oui, il s'agit d'une lutte contre les forces de l'entropie familiale, et la meilleure arme pour la remporter, c'est l'envie de s'investir et la décision de donner une place prioritaire à la relation amoureuse.

Une mère est encore une femme

L'entropie, ou le laisser-aller, n'est pas le seul obstacle à l'épanouissement du couple. D'autres forces maléfiques rôdent, mais cette fois dans le psychisme. L'une des plus terrifiantes porte le nom d'identification à un rôle.

L'identification à un rôle résulte d'un ensemble de croyances, dont la plupart sont

inconscientes, héritées de notre culture et de notre éducation, et qui dictent comment nous devons nous comporter. En ce sens, elles fonctionnent comme des stéréotypes.

Ainsi, le rôle de mère semble fortement ancré dans des stéréotypes précis : une bonne mère doit faire passer le bien de ses enfants avant elle-même (dût-elle en perdre la santé), elle doit se consacrer entièrement à sa famille (et tant pis si elle doit renoncer à sa profession ou à ses loisirs), elle doit être aimante et patiente (quand bien même sa marmaille l'aurait excédée), etc. Et gare aux sentiments de culpabilité si elle contrevient à ces règles absolues ! En un mot, elle doit faire passer ses enfants avant tout le reste, donc aussi avant son mari.

À ce sujet, la religion a laissé quelques traces, dont toutes ne sont pas glorieuses. En ce qui concerne le christianisme, il faut remonter à l'origine du monde, c'est-à-dire à Adam et Ève, pour comprendre la défiance chronique entretenue envers les femmes. C'est quand même cette chipie d'Ève qui a tenté le pauvre Adam et a entraîné la Chute de l'humanité, la faisant chasser hors du paradis terrestre. Il n'en fallait pas plus pour démontrer son accointance avec le démon et, partant, avec les démons de toutes sortes (démon du shopping, démon de la médisance, démon du sexe, etc.).

La sexualité de la femme fait peur, car elle recèle un pouvoir fascinant, une puissance magnétique capable de dérouter même un saint homme, ce qui explique que la femme ait été diabolisée, considérée avec méfiance et, finalement, asservie à l'homme, notamment sous le joug du mariage. Mais, les théologiens ont tout de même perçu une contradiction : comment un être si vil pouvait-il enfanter des personnes appelées à la sainteté ? Le salut de la femme devait donc passer par la maternité.

La sexualité de la femme fait peur, car elle recèle un pouvoir fascinant, une puissance magnétique capable de dérouter même un saint homme.

Et nous voici avec une dichotomie qui a sévi pendant des millénaires et qui contamine encore les esprits de nos jours : la mère et la putain. Il y a d'un côté la mère, femme purifiée par l'enfantement, sans désir sexuel, entièrement tournée vers le bonheur de sa progéniture. Et de l'autre côté, la femme perdue, la fille de joie, la courtisane, la salope, la prostituée, la catin, la putain. Et aucun pont n'existe entre les deux : une femme est soit d'un bord soit de l'autre.

C'est ainsi que de nombreuses femmes s'identifient à cette image de la mère parfaite lorsqu'elles accouchent. C'est ainsi que de nombreuses femmes perdent instantanément leur féminité, leur sensualité, leur pouvoir de séduction et leur mystère lorsqu'elles se retrouvent avec un bébé sur leur sein. Et c'est ainsi que de nombreux hommes se retrouvent avec une femme très sage à la maison… et une maîtresse très concupiscente à l'hôtel.

Ce n'est qu'une théorie sans fondement, direz-vous ! Alors comment expliquer le pic d'infidélité masculine aux alentours de la naissance du premier enfant ? Et comment comprendre qu'un homme marié paie une prostituée pour certaines pratiques sexuelles qu'il n'ose pas demander à son épouse (ce dont témoignent les péripatéticiennes) ?

Les pères ne sont pas à l'abri non plus de ces identifications contraignantes. Certains ne sont plus capables de voir dans la mère de leurs enfants une femme sensuelle et désirable. Certains n'arrivent tout simplement plus à lui faire l'amour !

De même qu'il faut se battre contre les forces de l'entropie, il est également nécessaire de lutter contre la pollution mentale engendrée par certaines croyances. Il y a un véritable travail de « désidentification » à mener : une femme devenue mère peut s'autoriser à aimer

les plaisirs charnels, la séduction, la sensualité. Elle peut continuer à entretenir sa forme et son apparence physique. Elle peut suivre son envie de poursuivre une activité professionnelle. Et tout cela sans se culpabiliser !

C'est que certains milieux politiques et religieux s'y entendent pour culpabiliser les mères qui s'occuperaient un peu trop de leur bien-être ou de leur carrière ! Une réelle pression sociale est exercée à leur encontre, avec comme but inavouable de les rendre responsables de tous les malheurs qui pourraient survenir à leurs petits. Les chérubins ne dorment pas bien ? C'est parce que maman travaille ! Ils ne réussissent pas comme il faudrait à l'école ? C'est parce que maman n'est pas là pour les accueillir à la sortie des classes et les aider à réviser leurs leçons. Ils sont trop gros et en mauvaise forme physique ? C'est bien sûr la faute de maman qui n'est pas là pour leur mijoter de bons petits plats, sains et équilibrés !

Certaines femmes intègrent ce discours sexiste. Elles se sentent par conséquent coupables de ne pas devenir les mères parfaites qu'elles sont censées être. Mais, ces sentiments de culpabilité ne sont rien d'autres que la résultante de deux facteurs combinés : d'abord une entreprise de manipulation destinée à les « caser » à la maison ; ensuite l'angoisse face à la rudesse du monde. En effet, qu'il est terrifiant de penser que ces chers petits peuvent contracter des maladies, être victimes d'accidents ou de mauvais traitements, connaître l'échec scolaire ou professionnel, et cela même avec la meilleure mère du monde ! Autant nous persuader que nos efforts peuvent prévenir tous les malheurs, comme si nous étions tout-puissants, quitte à nous sentir coupables lorsqu'ils surviennent quand même[2].

Non Mesdames, vous n'êtes pas coupables de ne pas incarner la mère parfaite ! Vous n'abandonnez pas vos enfants si vous les placez chez un grand-parent le temps d'une séance chez l'esthéticienne, pas plus que vous ne devenez une mauvaise mère si vous l'inscrivez en garderie pour renouer avec le monde professionnel. En vous faisant du bien à vous-mêmes, vous faites du bien à tous ceux que vous côtoyez.

[2] Pour approfondir ce sujet, voir du même auteur : *Au diable la culpabilité ! Cessez de vous culpabiliser et retrouvez votre liberté intérieure*, Éditions Jouvence, 2005.

La place du père

L'arrivée d'un enfant bouleverse profondément l'équilibre mis en place auparavant par le couple. Si celui-ci était déjà précaire, il y a de fortes chances pour qu'il ne résiste pas au séisme ! On ne le répétera jamais assez : concevoir un bébé n'est pas un remède aux difficultés conjugales. Si le couple va mal, il continuera d'aller mal une fois devenu parent, souvent de manière encore plus prononcée.

Les tensions existant entre les amants s'exacerbent lorsqu'ils adoptent le rôle stressant de parents. Qui plus est, ces rôles sont différents pour la femme et pour l'homme. La mère assume habituellement très vite la responsabilité de sa fonction nourricière et protectrice vis-à-vis du bébé, perçu à l'origine comme une partie d'elle-même. Ses préoccupations pour la santé et le bien-être du petit lui paraissent non pas le résultat d'un choix, mais issus d'un ordre naturel.

Pour le père, il en va autrement : il doit construire le lien d'attachement avec cet enfant qu'il découvre seulement après l'accouchement. Son rôle de pourvoyeur de soins n'a rien d'évident à ses yeux, car il n'a jamais été en symbiose avec le bébé. En quelque sorte, le travail du père consiste à créer un rapprochement avec le petit, alors que celui de la mère vise à la distancier de lui : sortir de l'état fusionnel où les deux êtres ne faisaient qu'un.

Le père remplit donc une fonction séparatrice : il s'interpose progressivement entre la mère et l'enfant et instaure une distance salvatrice entre les deux, d'abord physiquement, en coupant le cordon ombilical qui les unit, puis symboliquement, en reprenant sa place d'époux et en poussant l'enfant dans le monde et ses dangers. Alors que la mère met l'enfant au monde, le père le met dans le monde.

Alors que la mère met l'enfant au monde, le père le met dans le monde.

Il apparaît ainsi que le rôle paternel est fondamental non seulement pour la construction de l'identité de l'enfant, mais aussi pour la sauvegarde du couple. Le père a une place à défendre, qui nécessite qu'il s'interpose, doucement, mais fermement, entre sa femme et son bébé. C'est à ce prix que l'intimité affective du couple peut subsister.

Concrètement, c'est au père d'encourager sa femme à reprendre des activités ou des loisirs, en dehors de ses enfants ; c'est au père de revendiquer des moments privilégiés avec sa progéniture, hors du giron maternel ; c'est au père d'initier des jeux plus risqués, mais tellement appréciés des petits (le jeté de bébés en l'air n'est-il pas le sport favori des jeunes pères ?). En résumé, c'est au père qu'incombe la dure mission de « défusionner » la mère de son enfant afin que, une vingtaine d'années plus tard, celui-ci puisse définitivement prendre son envol.

Le père a une place, encore doit-il la revendiquer et la prendre ! Certains n'y voient pas d'intérêt, tout contents de ne pas avoir à s'occuper de bébés piailleurs et dérangeants. D'autres aimeraient, mais n'arrivent pas à s'interposer tant l'entrelacement entre la mère et son petit est important. D'autres encore sont écartés pas une mère qui ne veut pas renoncer à cette merveilleuse symbiose avec le fruit de ses entrailles.

Enfin, rappelons que les enfants ne doivent jamais devenir les confidents des déboires amoureux de leurs parents, sous peine de générer des problèmes relationnels sérieux au moment de l'adolescence (coalitions au sein de la famille, perte d'autorité paternelle ou maternelle, etc.). Il est essentiel pour la survie du couple que le fils ne devienne pas l'homme fort de la maison, ni le confesseur ou l'ami privilégié de sa mère au détriment du mari.

Pères, réveillez-vous ! Il y a une place à prendre si vous ne voulez pas vous retrouver hors jeu sur le terrain des sentiments amoureux avec votre femme.

Les trois ingrédients du cocktail amoureux

Donner une priorité à la vie de couple, c'est-à-dire mettre en œuvre le maximum pour rester amants alors que l'on est devenu parents, est le point fondamental. Cette résolution doit évidemment être prise en commun et engager les deux partenaires. Mais elle ne suffit pas encore à dynamiser les sentiments amoureux mis à l'épreuve au quotidien. De nombreuses pistes existent à cette fin, respectant les sensibilités particulières de chaque couple.

Le cocktail de l'amour ressemble pour certains à une bonne tisane aux vertus calmantes. Pour d'autres, c'est une boisson énergétique qui les stimule. Mais, quelle que soit sa nature, ce cocktail doit contenir au moins trois éléments pour être suffisamment nourrissant : une dose importante de communication, un minimum de cohésion et une pointe de stimulation. Ces trois ingrédients sont nécessaires pour fortifier le couple contre les aléas de la vie quotidienne et, en particulier, contre sa colonisation par les enfants.

Le cocktail de l'amour ressemble pour certains à une bonne tisane aux vertus calmantes. Pour d'autres, c'est une boisson énergétique qui les stimule.

Augmenter la qualité et la quantité de la communication

La communication est forcément présente chez tous les couples, c'est une évidence. Sans cela, la vie en commun serait impossible. Mais c'est une communication principalement fonctionnelle : s'échanger des informations sur l'heure des repas, sur qui doit faire le plein d'essence de la voiture ou le film qui sera regardé le soir à la télévision. Ce n'est pas cette communication qui est vivifiante pour le couple !

Pouvoir parler de soi, de ce que l'on ressent, de ses envies, de ses peurs, de ses projets, de ses sentiments et avoir le privilège d'être entendu et accueilli avec bienveillance, voilà ce qui dynamise les sentiments amoureux ! Il s'agit de communication intime. Ce type d'échanges nécessite un profond respect de l'interlocuteur, c'est-à-dire une absence totale de violence, puisque le partenaire se présente dans toute sa vulnérabilité. Cela implique aussi de renoncer à toute manipulation : ne pas

nourrir de projet implicite à propos de son conjoint, ne pas utiliser de moyens détournés pour arriver à ses fins (par exemple lui offrir un cadeau dans le seul but qu'il se sente redevable ou accepter une invitation dans sa famille pour qu'il soit contraint de nous accompagner dans la nôtre).

La communication intime nécessite un profond respect de l'interlocuteur, c'est-à-dire une absence totale de violence, puisque le partenaire se présente dans toute sa vulnérabilité.

Cette communication intime, où chacun peut se dire et être entendu, est plutôt rare dans les couples établis. Dans la phase amoureuse, elle représente une large proportion du temps passé ensemble. Mais avec le temps, elle s'amenuise considérablement. Après environ dix ans de mariage, on estime qu'elle occupe moins de cinq minutes par jour. C'est donc un véritable défi que de redonner sa place à ce type de communication, en quantité et en qualité.

La communication intime permet en particulier d'aborder les thèmes liés à la sexualité[3]. Malheureusement, beaucoup de couples n'ont pas appris à parler de leur vie sexuelle, certainement influencés en cela par l'éducation reçue.

Il apparaît en effet que 60 % d'entre nous, dans nos sociétés occidentales, n'avons rien

[3] Voir à ce propos Carolle et Serge Vidal-Graf, *Mais tu ne m'avais jamais dit ça !*, Éditions Jouvence, 1998.

entendu de la bouche de nos parents au sujet de la sexualité. Rien, cela signifie aucun mot en relation avec le plaisir, mais uniquement des prescriptions hygiéniques ou des avertissements menaçants : « Va te laver, c'est sale », « Ne touche pas à ça », « Tu devrais avoir honte », « Fais attention aux garçons, ils ne pensent qu'à une chose ». La minorité des jeunes qui ont eu des échanges au sujet du sexe avec leurs parents retiennent surtout, au-delà des aspects purement biologiques de la reproduction, les interdits qui y étaient liés : il ne fallait pas, c'était dangereux, etc. Seuls quelques chanceux se sont vus gratifiés de discussions constructives traitant non seulement de la dimension biologique de la sexualité, mais aussi de sa dimension émotionnelle.

Une fois devenus adultes, il n'est pas étonnant que les mots nous manquent pour aborder la sphère intime. Or, savoir ce qui nous plaît et nous déplaît dans l'éventail des pratiques sexuelles, ce qui nous attire, ce qui nous fait fantasmer, et pouvoir le communiquer à notre partenaire est essentiel à l'épanouissement. C'est même ce qui détermine la satisfaction sexuelle de façon générale : non pas ce que l'on fait (ou non), ni comment on le fait, mais ce dont on peut parler !

Développer une communication intime de qualité est donc, également, un passeport pour la félicité sensuelle, si importante pour la vie de couple.

Solidifier le « nous »

Ce qui caractérise un couple, c'est l'association de deux individus. Les deux partenaires doivent avoir conscience d'appartenir à une entité qui les dépasse. Non pas une entité qui appauvrit leur individualité propre, mais qui l'amplifie et l'embellit. Le lien amoureux efface le sentiment intrinsèque de solitude qui habite chaque être humain, lui donnant l'impression d'être connecté à quelqu'un d'autre. Des études ont d'ailleurs prouvé que les couples où le pronom « nous » est fréquemment utilisé se déclarent, en général, plus satisfaits de leur vie conjugale que les autres.

Le « nous » d'un couple ne doit cependant pas relever de la fusion. Celle-ci rappelle certes les moments délicieux de la symbiose entre le fœtus et la future mère, mais elle comporte des dangers à l'âge adulte, notamment le risque de se perdre.

Chaque enfant doit, en effet, effectuer un long travail d'individuation pour devenir adulte. Cela l'amène à se connaître tout en se différenciant des autres. Lors d'une fusion, fût-elle amoureuse, il perdrait cet acquis pour se fondre avec l'autre dans quelque chose d'indifférencié.

Comme dit l'humoriste, le problème, quand on ne fait plus qu'un, c'est de savoir lequel ! Habituellement, c'est la personnalité de la femme qui y perdait (dans le mariage traditionnel, cette dépossession d'elle-même allait jusqu'à la perte de son nom et de ses origines). Dans les cas extrêmes, son corps ne lui appartenait même plus : son mari, ou même le clan familial, exerçait un droit de vie et de mort sur elle !

Au contraire, le « nous » dont il est question ici respecte l'individualité de chaque partenaire. Il les laisse exister à part entière, tout en leur offrant le sentiment de faire partie d'une entité nourrissante, avec sa finalité et ses caractéristiques propres. Le « nous » est le juste équilibre entre la fusion et la séparation : « toi » et « moi » continuent d'exister, mais pas de façon totalement indépendante.

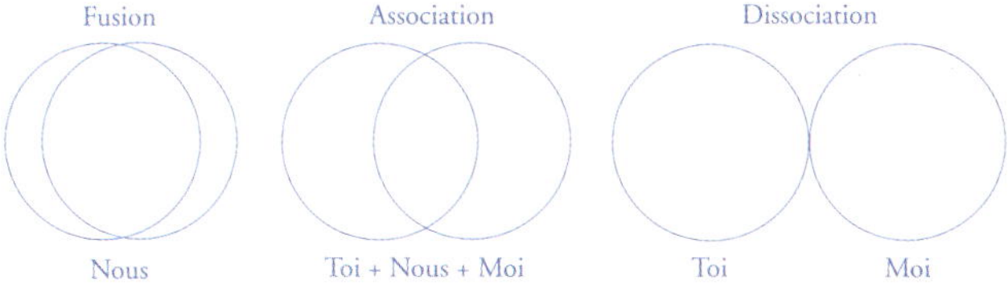

De plus, le mouvement imprimé à ce « nous » doit être compatible avec la direction qu'empruntent le « toi » et le « moi ». Si ces aspirations sont trop différentes, les risques d'écartèlement et d'éclatement augmentent proportionnellement pour le couple.

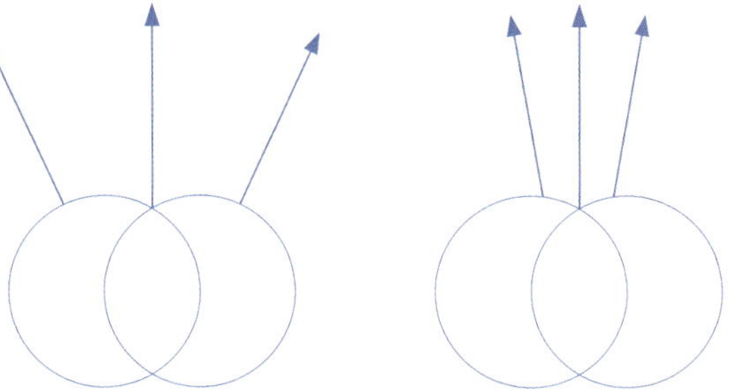

Risques d'éclatement

Projets communs
et individuels compatibles

La conscience de ce « nous » peut être plus ou moins forte. Elle se fortifie lorsque le couple partage des événements qui lui sont propres : voyages, projets professionnels communs, grossesse, construction d'une maison, mais aussi épreuves, tels la maladie ou le décès d'un proche.

Ainsi, nourrir une passion commune est un excellent moyen d'enrichir ce « nous ». Il en existe un deuxième, qui tire son efficacité de notre constitution biologique : faire l'amour souvent ensemble ! Les neurobiologistes ont, en effet, découvert que l'hormone de l'attachement, l'ocytocine (qui inonde par ailleurs la mère au moment de l'accouchement), est

justement émise en abondance au moment de l'orgasme. Vous avouerez que ce moyen-là n'est pour une fois pas trop pénible à mettre en œuvre !

Faites l'amour souvent ensemble !

Enfin, il convient de ne pas oublier que la famille représente également un « nous ». En tant que tel, celui-ci imprime une identité et une direction propre à la communauté familiale. Mais il ne doit en aucun cas se substituer au « nous » du couple parental.

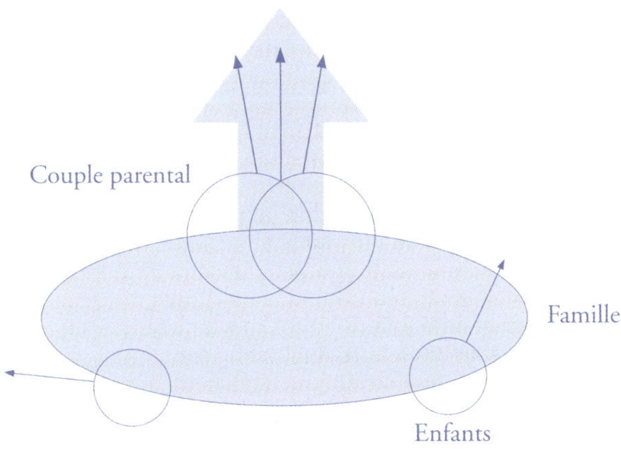

Sortir de la routine

Réaliser l'identification au « nous » conjugal est ce qui soude le couple. C'est également ce qui comble le besoin d'appartenance des partenaires, tout en les sécurisant. Mais, cela ne suffit pas à contrecarrer les effets de la monotonie. Trop de sécurité engendre l'ennui.

Les habitudes sont vite prises : on dort toujours du même côté du lit matrimonial, on mange toujours à la même place autour de la table familiale, on fréquente toujours les mêmes restaurants, on va en vacances toujours aux mêmes endroits, etc. De quoi éteindre les ardeurs les plus prometteuses !

Trop de sécurité engendre l'ennui.

L'effet Coolidge nous apprend que le désir physique se fane dans l'ennui de la répétition. C'est ce que peut expérimenter chaque couple après un certain temps : les mêmes gestes, les mêmes caresses, les mêmes baisers, finissent par perdre leur pouvoir stimulant.

Pour conserver l'intensité de ce désir, il est nécessaire d'injecter dans le couple de la nouveauté, une touche de mystère et un brin de créativité : changer de coupe de cheveux, essayer un style vestimentaire différent, tenter une autre façon de faire l'amour, etc. Ou alors, prendre momentanément quelque distance pour mieux se retrouver…

Le tout est de trouver le juste équilibre entre la sécurité, fille de la répétition et du connu, et la stimulation, issue de la nouveauté et du mystère.

Vous découvrirez dans les chapitres suivants des moyens concrets pour raviver votre flamme, chacun d'eux comportant les trois ingrédients précités, mais en proportion différente. Ils seront donc identifiés par un histogramme représentant l'importance de chaque composante :

la communication intime,

représentée par un phylactère

la cohésion,
symbolisée par deux flèches se rejoignant

la stimulation,
matérialisée par un éclair

Une colonne plus haute signifiera une plus importante contribution de ce facteur, alors qu'une colonne plus basse traduira une faible participation de cet élément. Par exemple, l'histogramme suivant représente une méthode où la communication intime est très importante, la cohésion du couple moyennement mise à contribution, et la stimulation due à la nouveauté plutôt faible.

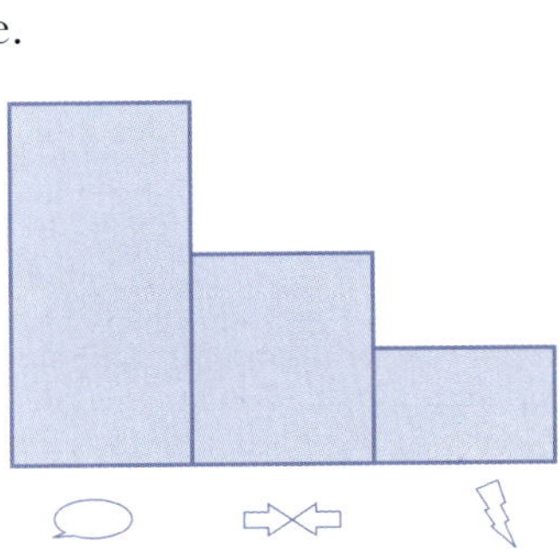

III
Les secrets des couples amoureux

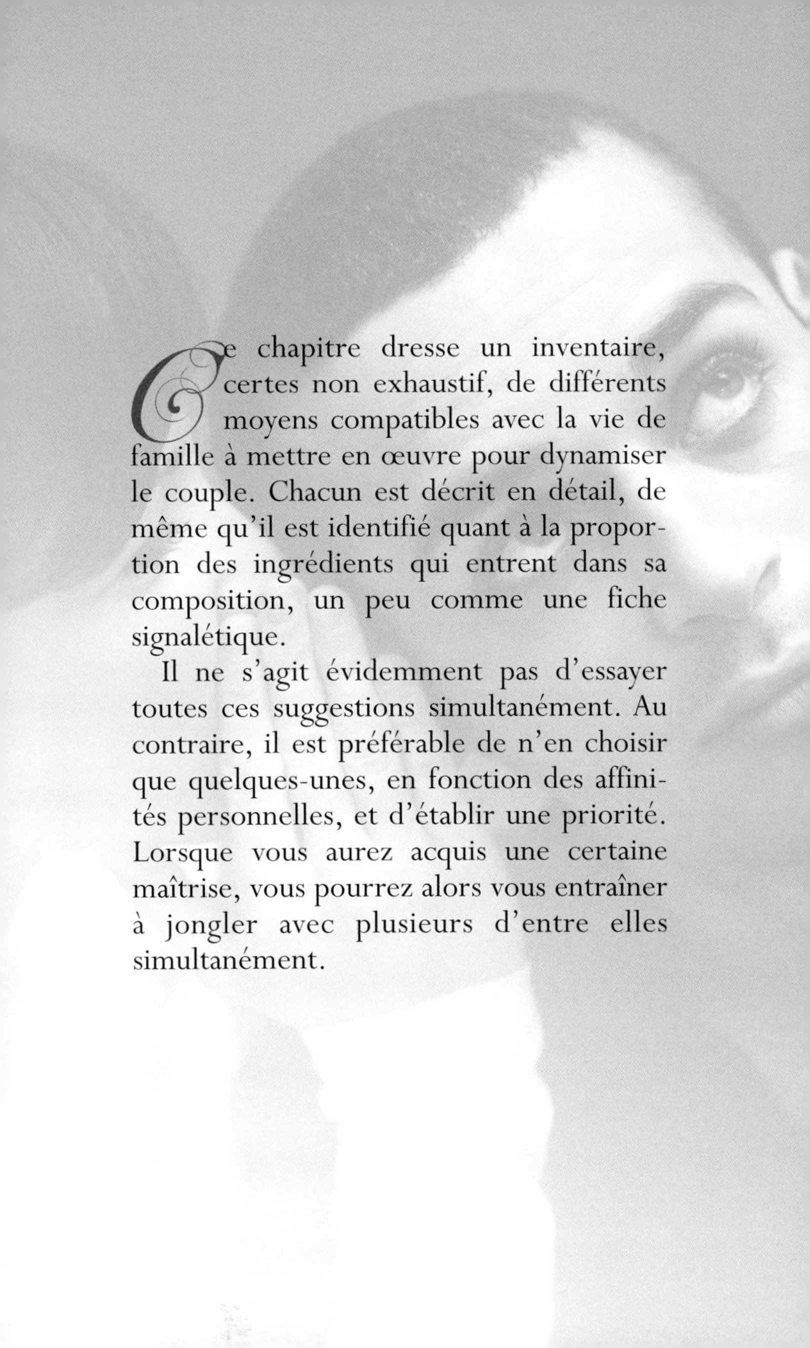

Ce chapitre dresse un inventaire, certes non exhaustif, de différents moyens compatibles avec la vie de famille à mettre en œuvre pour dynamiser le couple. Chacun est décrit en détail, de même qu'il est identifié quant à la proportion des ingrédients qui entrent dans sa composition, un peu comme une fiche signalétique.

Il ne s'agit évidemment pas d'essayer toutes ces suggestions simultanément. Au contraire, il est préférable de n'en choisir que quelques-unes, en fonction des affinités personnelles, et d'établir une priorité. Lorsque vous aurez acquis une certaine maîtrise, vous pourrez alors vous entraîner à jongler avec plusieurs d'entre elles simultanément.

Approfondir la communication

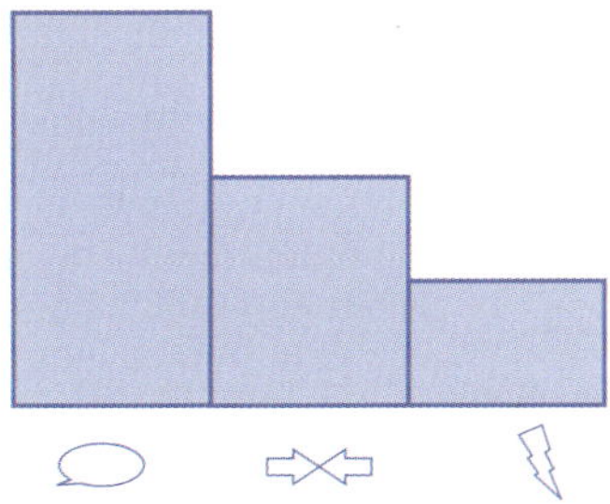

La communication est le véritable ciment de la vie de couple (cette assertion reste vraie pour la vie de famille). C'est elle qui permet le fonctionnement de la relation, son bon entretien et, le cas échéant, sa réparation. Encore faut-il pour cela qu'elle soit de qualité !

Pour avoir envie de parler de ce que nous vivons, de dévoiler une part de notre intimité, d'offrir à notre partenaire amoureux un accès à notre vulnérabilité, il est nécessaire que la communication soit de qualité : sans violence, sans manipulation, mais empreinte de respect, de confiance et de liberté. En particulier, elle exige une écoute bienveillante et une formulation non agressive des messages.

Écouter avec bienveillance

Rares sont les personnes qui prennent le temps d'écouter ! Habituellement, nous cherchons plutôt à gagner du temps, notamment en accomplissant plusieurs activités à la fois : nous écoutons en regardant la télévision, en lisant le journal, en cuisinant ou en bricolant. Conséquence : nous ne sommes pas entièrement à notre affaire. De plus, nous donnons à notre partenaire l'impression qu'il n'est pas important à nos yeux.

Ainsi, prendre le temps de s'arrêter, de chercher et maintenir le contact visuel avec notre conjoint, d'entrer totalement en relation avec lui est l'étape préliminaire d'une bonne écoute. Mais ces dispositions, quoique nécessaires, ne sont pas encore suffisantes, car lorsque nous écoutons, nous pensons souvent à autre chose.

La pensée est effectivement plus rapide que la parole : alors que notre cerveau est capable de traiter six cents mots à la minute, nous ne pouvons en prononcer que cent à cent cinquante dans la même durée. En situation d'écoute, la tentation est grande d'utiliser ce temps pour penser à autre chose, notamment à ce que nous allons répliquer à l'interlocuteur.

Or, nous ne pouvons pas écouter attentivement si nous pensons simultanément à autre chose. Notre attention est dans ce cas forcément divisée : une partie est dirigée sur les paroles de notre interlocuteur, l'autre sur notre discours intérieur. De plus, le risque de lui couper la parole pour exprimer notre opinion est très élevé. Dans les conflits de couple, où les

émotions sont souvent exacerbées, c'est un réel effort que de s'abstenir de réagir avant que notre partenaire ait terminé d'exprimer son point de vue.

C'est pour cela qu'une méthode destinée à augmenter la qualité de l'écoute a été mise au point. Elle porte le nom d'écoute active[4] et préconise l'usage de la reformulation qui consiste à paraphraser, à répéter avec nos propres mots ce que vient de dire notre vis-à-vis, ou plus exactement ce que nous croyons avoir compris de ses paroles. La reformulation n'est donc pas un simple écho, mais bien un reflet de notre compréhension d'un message.

La reformulation n'inclut jamais l'avis de l'écoutant, ni un quelconque traitement de l'information, et surtout pas de conseil de sa part. Gratifier l'autre d'un conseil non sollicité, c'est une façon de lui signifier que nous sommes plus avisé que lui. Cela l'amène le plus souvent à se refermer. Au contraire, la reformulation l'encourage à s'ouvrir davantage.

[4] Voir par exemple Christel Petitcollin, *Apprenez à écouter*, Éditions Jouvence, 2006.

Voici quelques exemples de reformulation:

Lui : « Je crois que je n'arriverai jamais à terminer ce travail dans les délais ! »

Elle : « Tu crains de manquer de temps. »

et non pas : « Mais si, tu y arriveras. Je te connais : tu émets des doutes, mais tu finis toujours par y arriver ! » Cette réplique tue littéralement la communication. Qu'y a-t-il à ajouter après cela ?

Elle : « Marie a de nouveau reçu une mauvaise note en mathématiques. »

Lui : « Tu t'inquiètes pour la réussite scolaire de Marie, c'est bien ça ? »

et non pas : « De toute façon, les maths, ce n'est pas important dans la vie. Regarde : moi, je n'y ai jamais rien compris et j'ai très bien réussi ! »

S'exprimer sans agressivité

Une fois la position de l'autre entendue (et, idéalement, uniquement à ce moment), nous allons pouvoir exprimer notre point de vue. Mais, il arrive que nos paroles provoquent alors des réactions agressives de la part de notre partenaire, car nos formulations sont moralisantes ou empreintes de jugements : « Tu devrais… », « Non, tu n'as pas compris… », « Tu es terriblement susceptible… », etc.

Une piste concrète pour améliorer la communication intime est le recours aux « messages-je ». Cet outil consiste à utiliser la

première personne du singulier, c'est-à-dire le « je », pour exprimer nos émotions et notre subjectivité. Cela revient à accepter de prendre la totale responsabilité de ce que nous vivons plutôt que de reprocher à notre partenaire nos colères et nos chagrins.

Le message-je permet d'exprimer un ressenti sans en transférer la responsabilité à l'autre. Lorsque nous disons « Je suis fâché », nous ne mettons personne d'autre en cause. Au contraire, lorsque nous proférons un « Tu m'énerves », nous rendons notre partenaire responsable de ce que nous vivons. Et comme ce que nous éprouvons à ce moment précis n'est pas vraiment agréable, nous le culpabilisons. D'où de probables réactions agressives de sa part !

Pour plus de précision, le message-je peut être accompagné d'une description objective des comportements d'autrui. Il porte alors le nom de *déclaration action/ressenti* : par exemple : « Je suis fâché lorsque tu ne fais pas ce que tu as promis. » Il n'y a aucune contre-indication à utiliser le « tu » et le « vous », pour autant qu'ils se rapportent à une description objective des comportements des autres.

La description pure du comportement reste une tâche délicate, tant nous avons l'habitude d'interpréter et de juger. Par exemple, dire « Je suis fâché, car tu as oublié de faire ce que tu as promis » contient une interprétation : comment puis-je savoir que mon partenaire a effectivement oublié ? De même, dire « Je suis fâché par ta mauvaise foi » renferme un jugement. Les descriptions objectives, au contraire des interprétations et des jugements, peuvent être reprises telles quelles par chaque observateur de la scène : chacun y adhère sans la moindre discussion. Voici quelques exemples de remarques subjectives et les descriptions objectives correspondantes.

Interprétation ou jugement	Description objective
Tu n'accordes aucune importance à notre couple.	Tu n'as pas mentionné notre anniversaire de mariage de toute la semaine.
Tu ne penses qu'à ça.	Tu aimerais avoir des rapports sexuels au moins trois fois par semaine.
Ta mère ne me fait pas confiance.	Ta mère me rappelle trois fois de suite de ne pas oublier tel événement.
On dirait que tes copains comptent plus que moi.	Tu es sorti quatre fois avec tes copains cette semaine, et seulement une fois avec moi.
Tu passes tout ton temps sur l'ordinateur.	Tu as passé plus de deux heures sur ton ordinateur.
Tu es jaloux.	Tu ne souhaites pas que j'adresse la parole à d'autres hommes (femmes).

La formulation de messages-je et de déclarations action/ressenti est au cœur de la Communication Non Violente (CNV) de Marshall Rosenberg[5]. Ces expressions sont certes plus longues que les tournures habituelles à base de jugement, mais empreintes de plus de respect et de bienveillance. Dire « Tu es un chauffard » est sans conteste concis, mais peu efficace sur le plan des effets escomptés de la part du destinataire. Sa traduction en CNV devient : « J'ai peur (émotion) lorsque tu roules à 120 km/h sur une route limitée à 80 (observation), car je ne me sens plus en sécurité (besoin). Je te demande donc de ralentir (demande). » De cette façon, la requête adressée à l'autre est claire et il y a ainsi plus de chances qu'il s'y conforme.

Le secret d'une communication de qualité : écouter avec bienveillance et s'exprimer sans agressivité.

Les deux techniques présentées ici, l'écoute active et les messages-je, nécessitent un véritable apprentissage afin d'être maîtrisées. Il existe de nombreux livres et stages de développement personnel à ce sujet. Ce sont également les premiers éléments travaillés en thérapie de couple.

[5] Voir à ce propos Marshall B. Rosenberg, *La Communication NonViolente au quotidien*, Éditions Jouvence, 2003.

Enfin, il importe de préciser qu'une communication de qualité ne saurait souffrir d'interruptions ou de dérangements impromptus. Elle a tout avantage à être menée en terrain calme, c'est-à-dire en l'absence des enfants. En d'autres termes, il est impératif que le couple se réserve des temps de discussions privées, ne serait-ce que pour aborder les sujets intimes.

Parler le même langage

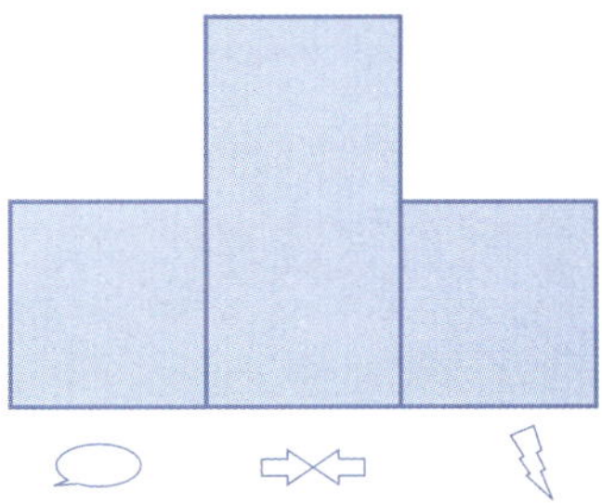

L'amour ne parle pas une langue unique, il ne connaît pas d'espéranto qui permettrait à tout le monde de se comprendre. Au contraire, chacun de nous utilise une langue spécifique pour manifester son amour. En conséquence, si nous nous adressons à quelqu'un qui parle une « langue étrangère », il ne comprendra pas le message et il ne se sentira pas aimé. Pour vivifier les sentiments dans un couple, il est utile d'apprendre les dialectes amoureux, qui sont au nombre de cinq[6], et surtout de s'adapter à celui que pratique notre partenaire.

[6] Voir Gary Chapman, *Les langages de l'amour*, Farel éditions, 1997.

Chacun de nous utilise une langue spécifique pour manifester son amour.

Le premier langage, peut-être aussi le plus connu, est celui des paroles valorisantes. Ainsi par exemple, les mots gentils, les félicitations, les compliments et les encouragements. C'est la traduction verbale de notre attention et de notre sollicitude envers l'autre.

Le deuxième langage est celui des cadeaux. Dans la plupart des cultures, les cadeaux représentent des marques d'attention appréciées. Ces présents n'ont pas forcément à être coûteux : une fleur récoltée au bord de la route, une petite carte bricolée à la main, etc. Le don de soi, de sa présence, de son temps, font également partie de cette catégorie.

Le troisième langage s'exprime à travers les moments de qualité. Ce sont des instants où nous accordons une attention sans partage à la personne aimée. Ils peuvent prendre la forme, entre autres, de balades en forêt, de sorties au restaurant, d'activités sportives en commun. L'idée est d'être entièrement avec l'autre et de lui concéder une présence totale (sans télévision, radio, journal ni téléphone mobile) en même temps que la priorité sur toutes autres occupations.

Le quatrième langage passe par les services rendus. Ils se traduisent par le fait d'assumer les menues tâches de la vie quotidienne, qui ne sont pas forcément exaltantes : passer l'aspirateur, débarrasser la table après le repas,

changer les couches du bébé, tondre la pelouse, repeindre une porte, faire les courses, réparer un objet, etc. Exécuter spontanément une de ces actions peut ainsi être perçu par certains comme une marque d'amour. Le but est, dans tous les cas, de le faire pour l'autre, par amour pour lui, donc sans rechigner.

Enfin, le toucher est le cinquième langage. Il englobe tous les contacts corporels, de la petite tape sur l'épaule au rapport sexuel, en passant par la gamme complète des câlins et des caresses.

Chacun n'est pas également sensible aux mêmes marques d'affection. Un conjoint peut ainsi être sensible aux paroles valorisantes, alors que l'autre s'attarde surtout aux services rendus. Dans un tel couple, chacun risque de se sentir mal aimé. Le premier dira : « Certes, mon mari m'aide beaucoup dans le ménage et il est très attentionné envers moi, mais il ne prononce jamais de paroles gentilles. J'aurais tellement besoin qu'il m'encourage ! ». L'autre dira : « Ma femme ne manque pas une occasion de me dire qu'elle m'aime, mais j'ai

l'impression que je dois tout faire dans la maison. J'aimerais tellement qu'elle s'occupe aussi de temps en temps de payer les factures ou qu'elle fasse parfois des plats plus élaborés. » Leurs besoins affectifs ne sont ainsi pas comblés, alors même qu'il y a de l'amour. Ils ne parlent simplement pas le même langage.

Une fois l'existence de ces différents langages connus, il reste encore à détecter quel est celui de notre partenaire et de s'y adapter. Pour cela, il suffit d'observer la façon dont il exprime spontanément son amour. Celui qui touche fréquemment est certainement sensible au contact physique, alors que celui qui complimente sans cesse est sans doute plus réceptif aux paroles valorisantes. Une autre façon de repérer la « langue maternelle » de chacun sur le plan affectif, c'est d'écouter ses plaintes. De quoi manque-t-il ? Que réclame-t-il ? Que souhaite-t-il ? « J'aimerais tellement que tu passes un peu de temps avec moi ! », traduit une demande de moments de qualité, alors que « Si seulement tu pensais à m'offrir un bouquet de fleurs, ou une petite boîte de pralinés de temps en temps ! » est une indication de sensibilité particulière aux cadeaux.

Surmonter les crises

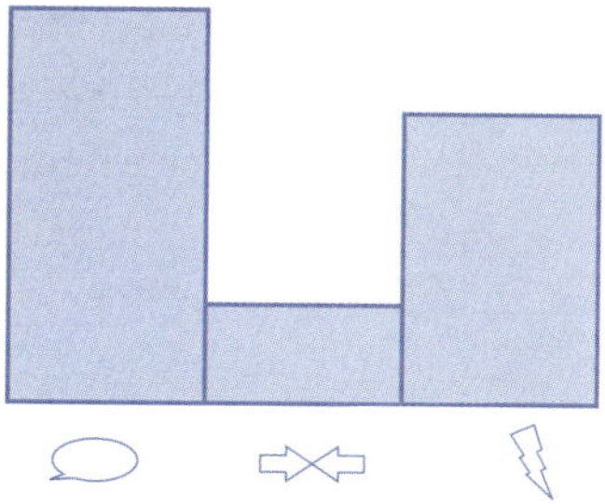

Le mot crise est communément perçu négativement. Pourtant, ces périodes d'éclat sont utiles pour vivifier les sentiments amoureux, du moment où elles débouchent sur la résolution d'une tension et l'amélioration de la dynamique relationnelle du couple.

Les crises apparaissent lorsque l'entretien de la relation amoureuse n'a pas été effectué avec suffisamment de soin et de régularité. Lorsque les exaspérations et les rancœurs des partenaires ne peuvent pas être évacuées, elles s'accumulent et finissent par s'exprimer brutalement. Le processus est comparable en cela à une maladie : elle est le résultat d'un déséquilibre antérieur et sa forme manifeste (l'infection, la douleur, etc.) n'est que le signe perceptible d'une lutte pour évacuer les agents pathogènes et rétablir l'ordre.

Les crises sont utiles pour vivifier les sentiments amoureux, du moment où elles débouchent sur la résolution d'une tension et l'amélioration de la dynamique relationnelle.

Les crises sont donc utiles, à condition de pouvoir résoudre les conflits sous-jacents. Mais attention, tous les conflits conjugaux ne peuvent pas être résolus. Certains, appelés conflits insolubles, relèvent de problèmes permanents. On estime qu'ils représentent près de 70 % des sujets de discorde au sein des couples[7].

Les conflits insolubles se développent sur des thèmes de mésentente qui accompagnent le couple durant toute son existence puisqu'ils résultent de différences de personnalité, par exemple : le désir d'une famille nombreuse de l'un et le refus de l'autre ; des différences de valeur pour l'éducation des enfants (discipline de fer, autonomie, etc.) ; des fréquences incompatibles de rapports sexuels ; l'appartenance religieuse ou culturelle de chacun ; le caractère plutôt méticuleux et perfectionniste de l'un opposé à la souplesse et au laisser-aller de l'autre ; le niveau de tolérance différent quant au désordre et à la saleté ; la personnalité plutôt extravertie et encline à rencontrer du monde de l'un face à l'introversion et au désir de se retrouver seuls (cocooning) de l'autre ; etc.

[7] Cette problématique est traitée par John Gottman et Nan Silver, *Les couples heureux ont leurs secrets*, Pocket, 2006.

Ces problèmes permanents n'ont que peu de chances d'être résolus. Par contre, cela ne signifie pas pour autant qu'ils soient source de malheur pour les partenaires. Le tout est d'apprendre à les mettre en perspective et, si possible, d'arriver à en rire afin qu'ils n'envahissent pas l'existence. Du moment où chacun fait un effort pour s'accommoder de ces différences, qu'il n'en fait pas une sempiternelle occasion de reproches, de critiques ou de plaintes, qu'il cherche la conciliation plutôt que la bataille, qu'il renonce à vouloir transformer l'autre et à imposer son point de vue comme le seul valable, les problèmes permanents ne représentent plus forcément d'écueils pour l'harmonie du couple. Mais, dans le cas contraire, ces frictions auront probablement raison de la relation : à force d'être inlassablement ressassées, elles vont générer agacements, irritations et frustrations, entraînant des sentiments de solitude, de rejet et de blessure. Le secret est donc d'en parler de façon détendue, d'en plaisanter même et, surtout, de ne pas les taire ou d'en faire l'occasion de disputes.

Dans la vie de couple, il y a heureusement aussi des problèmes que l'on peut résoudre : toutes les petites broutilles du quotidien qui peuvent être améliorées avec un effort de part et d'autre, comme la répartition des tâches ménagères, la synchronisation des emplois du temps, la manière de tenir un budget, etc. Pour cela, il est cependant nécessaire de disposer de compétences de communication développées en dispute.

Il est nécessaire de disposer de compétences de communication développées en dispute.

La dispute est un art ou une sorte de sport. Comme tel, il obéit à des règles qu'il est impératif de respecter. Sinon, cela ouvre la porte aux insatisfactions et violences de toutes sortes. C'est un peu comme à la boxe : si l'on ne suit pas les règles, le combat tourne rapidement à un jeu de massacre.

Il existe deux règles élémentaires à respecter afin que les disputes restent constructives, en plus de l'utilisation des outils de communication déjà présentés (l'écoute active et les messages-je).

Première règle : les disputes servent à communiquer les problèmes et à trouver des solutions. Elles ne visent, en aucun cas, à remporter la partie au détriment de l'autre. Comme elles ne visent pas la victoire à tout prix, elles n'usent pas de moyens déloyaux, c'est-à-dire de coups bas : toucher l'interlocuteur exprès là où il est plus sensible ou vulnérable, là où ça fait mal (« De toute façon, avec une mère dépressive, comment veux-tu être optimiste ! ») ; l'humilier, le dévaloriser, le rabaisser (« Même un enfant sait ça ! ») ; se moquer de lui ouvertement, le mépriser (« Madame je sais tout… ») ;

etc. Au contraire, le respect et la courtoisie doivent toujours être de mise.

Deuxième règle : une bonne dispute porte sur un seul objet. En d'autres termes, il faut se concentrer sur une seule difficulté à la fois, chercher à régler les malentendus un par un. Le dérapage survient lorsqu'à un différend s'ajoutent d'autres sujets de litige. La dispute n'est pas faite pour « vider son sac », mais au contraire pour trouver des solutions à un problème. Il faut par conséquent ne traiter qu'un seul problème à la fois.

Une fois la discussion entamée, les partenaires auront avantage à s'inspirer des éléments suivants : plutôt que d'amorcer le dialogue en accablant l'autre de sarcasmes et en démolissant toutes ses suggestions, il vaut mieux écouter son point de vue et exprimer le sien de façon calme et positive. Il a en effet été établi que, dans plus de 95 % des cas, une discussion se termine sur le même ton que celui sur lequel elle a commencé, d'où l'intérêt à soigner l'entrée en matière. Ce conseil s'adresse particulièrement aux femmes, puisque ce sont elles qui, le plus souvent, initient les discussions sur les problèmes conjugaux.

Ensuite, il s'agit d'être attentif aux tentatives de rapprochement, qui servent à stopper l'escalade lorsque les choses tournent mal : faire une pause, donner et accepter des excuses, admettre ses torts, esquisser un geste d'affection, utiliser l'humour. De même, les

paroles peuvent servir au rapprochement : « S'il te plaît, peux-tu me le dire plus gentiment ? », « Je suis inquiète quand tu t'exprimes de la sorte », « J'ai besoin d'un peu de calme pour réfléchir à tout ça », « Je peux avoir un baiser ? », « Je suis désolé », etc.

Le point suivant concerne la négociation proprement dite. Chacun doit être prêt à écouter l'autre et surtout à tenir compte de ses besoins, c'est-à-dire accepter d'être influencé par lui. Les concessions réciproques sont les passerelles qui permettent d'atteindre un terrain d'entente : chacun fait des pas vers son partenaire, quitte à abandonner certaines prérogatives ou certaines envies, dans le but de trouver un accord globalement satisfaisant pour les deux. Dans cette démarche, le plus difficile est de renoncer à avoir gain de cause à tout prix, même si l'on a raison.

Les concessions réciproques sont les passerelles qui permettent d'atteindre un terrain d'entente.

Enfin, la tolérance envers les fautes et les manquements du partenaire est de mise. On pourrait parler de principe de courtoisie. Les conjoints oublient parfois de se parler avec respect, comme ils le feraient avec des collègues ou des amis.

Les conflits font partie du quotidien des couples. Non seulement ils sont inévitables, mais encore ils sont utiles afin d'améliorer la vie commune, en plus d'y ajouter une touche de piquant. Dans une certaine mesure, ils présentent un aspect stimulant. Le but n'est pourtant pas d'y trouver une solution à chaque fois. L'important est de savoir gérer les divergences sans que cela conduise à la rupture.

Et bien sûr, les jeunes oreilles n'ont pas à être témoins des conflits conjugaux de leurs parents, encore moins s'ils en sont le centre.

Partager une passion commune

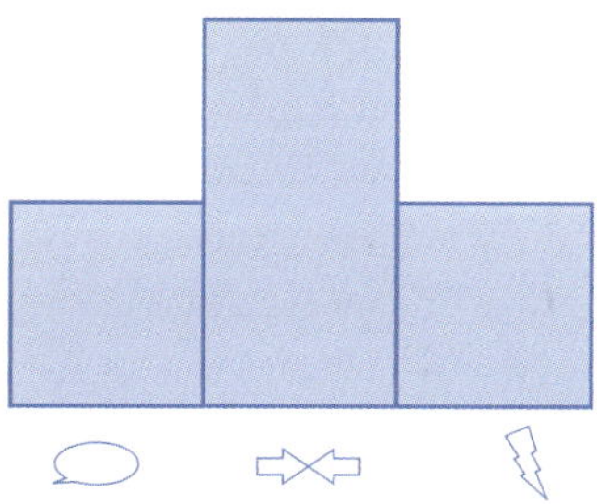

Ce qui scelle les couples, ce sont les points communs existant entre les partenaires. Qui se ressemble s'assemble, dit l'adage populaire. Une lecture rapide des annonces des agences matrimoniales ou des sites de rencontre sur Internet le confirme. Les candidats à l'amour énoncent une liste de caractéristiques souhaitées chez le partenaire potentiel, liste qui les décrit parfaitement eux-mêmes (sexe mis à part). D'autre part, il est établi que nos amis et nos amoureux nous ressemblent sur plus d'un point essentiel, tel que les valeurs, les croyances fondamentales et les attitudes.

Au quotidien, le plaisir d'être ensemble sera d'autant plus grand qu'il y aura de points communs entre les partenaires. Lorsqu'il s'agit de passer du temps ensemble, on comprend aisément qu'il est préférable d'être attiré par les

mêmes activités. Si madame adore la mer et que monsieur ne jure que par la montagne, les vacances risquent de devenir une source de conflit. De même, si monsieur se complaît dans les ambiances populaires et bruyantes alors que madame apprécie le calme des salons feutrés, il sera difficile de trouver un terrain d'entente.

Avoir des points communs rapproche. Mais, si le point commun est une passion partagée par les deux conjoints, l'effet de convergence sera démultiplié. Un couple dont les membres sont également passionnés d'avions anciens, de motos, d'histoire celte ou de cuisine asiatique, pourra s'adonner à son hobby favori en toute satisfaction. Le temps consacré à la passion ne sera plus un facteur de séparation et d'isolement (« On dirait que tes trains électriques sont plus importants que moi ! » ou « Tu passes plus de temps sur ton ordinateur qu'avec moi »), mais un élément de cohésion. Sans parler de toutes les discussions connexes qui entoureront la passion proprement dite.

Non seulement la passion partagée rapproche les partenaires, mais encore elle stimule les sentiments amoureux.

Non seulement la passion partagée rapproche les partenaires, mais encore elle stimule les sentiments amoureux. En effet, le cerveau limbique, responsable du vécu émotionnel, ne dispose que de peu de ressources réflexives. Il ressent et laisse au cortex, le cerveau pensant, le soin d'analyser. Si bien que parfois des émotions sont éprouvées sans que la raison de leur déclenchement puisse être clairement identifiée. Une étude a, par exemple, démontré que des jeunes hommes interviewés sur un sujet quelconque par la même femme la trouvaient plus attirante lorsque l'entretien se déroulait sur une passerelle surplombant un précipice que s'il avait lieu dans un bureau. Dans cette expérience, le cerveau est en quelque sorte leurré : il attribue l'excitation ressentie (battements de cœur accélérés, souffle coupé, transpiration, etc.) non pas à la hauteur du précipice, mais à l'attractivité de la femme, ou encore il confond ces deux sources. Cet effet est intuitivement connu par les jeunes hommes qui invitent la fille de leur rêve sur des manèges de fête foraine ou au cinéma pour voir un film à suspens ou carrément d'horreur.

Ainsi, tout l'engouement éprouvé dans la pratique d'un hobby commun risque de rejaillir sur le partenaire amoureux. On aura alors l'impression de l'aimer davantage. À préciser encore que la passion commune ne doit pas forcément préexister à la rencontre amoureuse : elle peut se découvrir et se nourrir avec le temps.

Oser la séduction

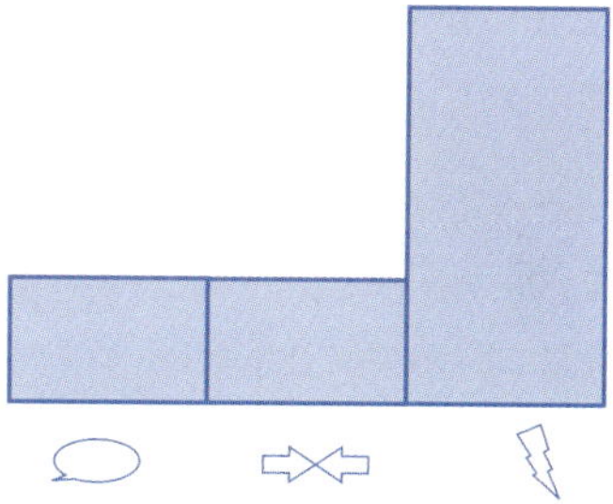

Une vérité qui a tendance à s'oublier dans la vie de couple, c'est que le partenaire et son amour ne sont jamais définitivement acquis. Or, le train-train quotidien installe une sorte de torpeur favorisant le laisser-aller. Tous les efforts pour se mettre en valeur, pour se présenter sous son meilleur jour s'estompent au fil des mois et des années. La femme séduisante, à l'habillement recherché, aux mains manucurées et au visage soigneusement maquillé, a laissé place à la matrone en bigoudis, pantoufles et survêtement. L'homme sportif, parfumé et rasé de près, s'est transformé, par un étrange sortilège, en un rustre à la bedaine dépassant du marcel, affalé devant la télévision.

Au-delà du cliché, il est clair que le laisser-aller finit par tuer l'attractivité. Prendre soin de son corps, de son apparence, est impératif pour qui souhaite continuer à émoustiller son partenaire. Renouveler de temps en temps sa garde-robe, oser des dessous affriolants, s'offrir une séance chez le coiffeur ou l'esthéticienne (valable aussi pour les hommes !), les idées ne manquent pas pour entretenir son pouvoir de séduction.

On pourrait objecter qu'il faut disposer d'un physique de top model ou de jeune premier pour s'offrir le luxe de la séduction. Ne cédons pas à la manipulation massive exercée par les médias. Un mari qui trouve sa femme belle sera généralement ému de la voir en dessous sexy, il ne portera pas attention à ses quelques kilos en trop ou à ses varices. C'est l'intention qui compte ! Formulé autrement, c'est l'attitude qui importe dans la séduction, plutôt que les artifices vestimentaires et cosmétiques. Une femme qui a envie de plaire à son mari, voilà le meilleur aphrodisiaque. L'inverse étant également vrai, sauf que l'abonnement au fitness remplacera avantageusement l'achat d'un string pour monsieur… L'important est d'oser, de ne pas s'autocensurer.

La chambre à coucher des parents devrait être déclarée zone interdite aux petits.

La chambre à coucher (qui devrait être déclarée zone interdite aux petits) est l'univers rêvé pour mettre en œuvre la séduction. Mais c'est aussi, malheureusement, le lieu de toutes les répétitions qui assassinent l'amour. Le désir s'épanouit dans la nouveauté, le mystère et la découverte, il se flétrit dans le connu et la routine. Faites l'amour toujours au même moment (disons le mercredi soir lorsque les enfants sont couchés et le dimanche matin avant qu'ils ne se réveillent), avec les mêmes préliminaires, dans la même position, et vous ne ferez plus l'amour, mais un simple exercice physique pour décharger des tensions, que certains nomment le devoir conjugal.

Soyez créatifs ! Il n'y a, dans le domaine de la sexualité, que les limites de l'imagination. Achetez des manuels illustrant les diverses postions de l'amour, organisez la mise en scène du désir (le masseur entreprenant, l'infirmière lubrique, la soubrette soumise, etc.), visionnez des films érotiques, essayez des gadgets tels que les sex toys, prenez un cours de strip-tease (si, si, cela existe) ou de danse du ventre, adonnez-vous à la photo de charme (vive les appareils numériques !), etc. En un mot, pimentez votre vie sexuelle, variez les plaisirs.

Plus souvent vous ferez l'amour,
plus vous aurez envie de le faire.

L'activité sexuelle s'accompagne de la production de nombreuses hormones, dont certaines ont notamment pour effet d'augmenter l'appétit sensuel. En d'autres termes, plus souvent vous ferez l'amour, plus vous aurez envie de le faire (à condition toutefois de varier les pratiques pour éviter l'effet Coolidge). Le seul risque que vous encourriez, en conséquence, c'est de développer une forte envie de vous retrouver au lit (mais ailleurs aussi ! Avez-vous déjà essayé la forêt ou la plage ?) avec votre partenaire.

Et pour ceux qui ont perdu l'envie ? Chacun sait qu'on ne peut pas se forcer à avoir envie. Certes ! Mais on peut se donner la disponibilité, créer un espace pour que le désir renaisse. S'accorder du temps, prendre soin de son corps, se détendre, tout cela est propice à l'amour.

On ne valorisera jamais assez l'effet aphrodisiaque d'un week-end en amoureux, avec repas aux chandelles suivi d'une nuit d'amour à l'hôtel ! De même, ne sous-estimons pas les retombées néfastes sur la libido de devoir toujours attendre que les enfants soient bien endormis pour faire l'amour, si possible en ne faisant pas de bruit susceptible d'être capté par les petites oreilles.

Se retrouver

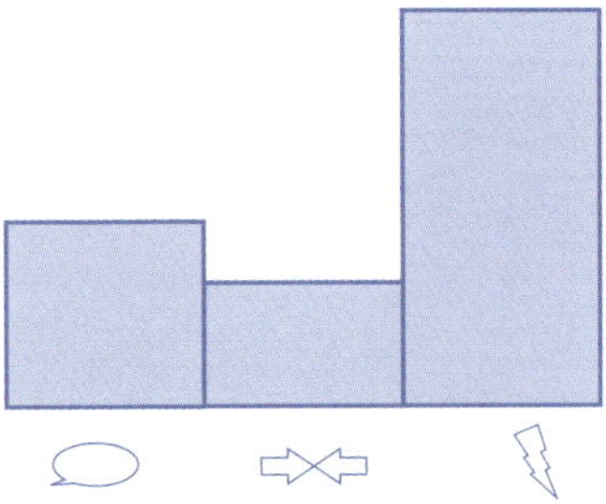

La distance, dans un couple, est nécessaire autant que la proximité. C'est en effet une savante pulsation, faite de rapprochement et d'éloignement, qui assure aux partenaires un désir intact d'être ensemble. Trop proches, les

amants finissent par se marcher dessus, s'étouffer dans une malsaine promiscuité. Trop lointains, ils souffrent de l'absence et du manque de contact.

La distance optimale est donc question d'équilibre, qui plus est d'équilibre dynamique : il ne s'agit pas de trouver le bon positionnement et de s'y conformer une fois pour toutes. Au contraire, comme le flux et le reflux incessants des marées, ces positions varient au fil des jours et des années.

C'est une savante pulsation faite de rapprochement et d'éloignement qui assure aux partenaires un désir intact d'être ensemble.

Être ensemble est plaisant. Mais quel plaisir de se retrouver ! Quelle joie de pouvoir serrer l'être aimé dans ses bras après une absence prolongée ! Quel bonheur de pouvoir se raconter les péripéties vécues chacun de son côté ! Quelle jouissance de sentir à nouveau la chaleur de sa peau et le goût de ses baisers ! Mais pour cela, encore faut-il qu'il y ait eu séparation temporaire. C'est une évidence : on ne peut pas se retrouver si on est toujours ensemble.

Certains couples opèrent, le plus souvent inconsciemment, cette distanciation par la survenue de crises répétitives, qui réapparaissent aussi sûrement que les bourgeons au printemps. Ces crises permettent une sorte de respiration aux partenaires et sont ponctuées par des « réconciliations sur l'oreiller ».

D'autres couples ont décidé de faire chambre à part pour le plaisir des retrouvailles (et pour bénéficier d'un espace privilégié propre à chacun). D'autres encore, plus catégoriques et certainement plus aisés, ont choisi de ne pas partager le même logement dans un souci de lutter contre la routine et la promiscuité. Ces couples qui n'habitent pas ensemble manifestent souvent une flamme amoureuse intacte, même après des années de relation.

Cet éloignement résulte parfois de conditions professionnelles particulières. Ainsi cette femme qui affirme vivre une seconde lune de miel avec son conjoint depuis qu'il travaille à plus de deux cents kilomètres de la maison familiale et qu'il a pris la décision de dormir sur place deux nuits par semaine.

La proximité a l'effet de réduire la part de mystère propre à chacun et, se faisant, de diminuer son attractivité. C'est pour cela que l'on tombe rarement amoureux de ses frères et de ses sœurs, fussent-ils Claudia Schiffer ou Brad Pitt ! Or, vivre continuellement ensemble implique une constante proximité. Est-ce pour cela que de nombreux couples au long cours finissent par vivre comme frères et sœurs ?

Mettre de la distance est donc salutaire, que ce soit au niveau géographique, mais aussi sur le plan psychique : commencer une nouvelle formation, relever un défi professionnel ; vivre tout ce qui permet à la personne de puiser dans ses propres ressources, d'exister en tant qu'individu à part entière et de revenir vers l'autre riche d'un bagage ou d'histoires à partager avec lui.

C'est dans l'absence que l'on se rend compte à quel point on tient à l'autre.

N'oublions pas que c'est dans l'absence que l'on se rend compte à quel point on tient à l'autre ! Dans la vie quotidienne, on a tôt fait d'oublier tous les bienfaits de sa présence et de son amour, malheureusement.

Enfin, se retrouver, c'est aussi se retrouver en couple, sans les enfants. On ne dira jamais assez de bien des vacances prises sans les petits, pour le seul plaisir des parents qui pourront enfin se retrouver (attention toutefois à ne pas parler que des enfants à ce moment !). Être parent est souvent comparé à un métier, voire au plus dur des métiers. Il est donc logique de s'octroyer quelque repos, car, vous en conviendrez, les vacances avec les enfants, ce n'est pas vraiment des vacances... Sans parler des joies des retrouvailles en famille, batteries complètement rechargées pour affronter une nouvelle période de vie intense. Rien à voir avec l'image de géniteurs égoïstes ou indignes qui ne permettraient même pas à leur progéniture d'aller à la mer ou à la montagne ! Les colonies, c'est aussi fait pour ça, tout même.

Vivre dans le présent

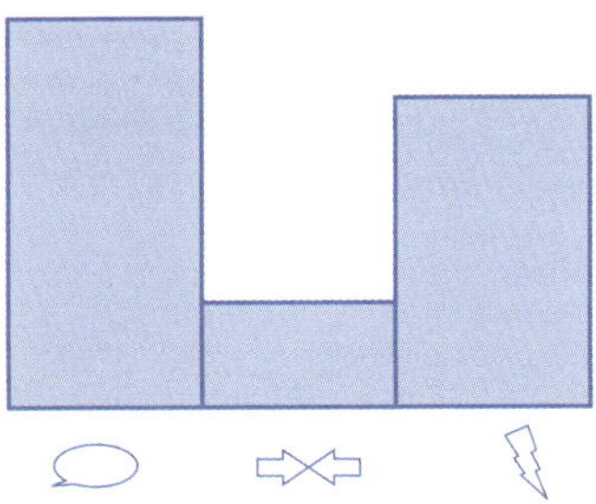

Imaginez que vous assistiez à un enterrement. Vous êtes assis au premier rang, car la personne que vous accompagnez à sa dernière demeure n'est autre que votre partenaire amoureux. Votre douleur est sans fond, votre tristesse est indicible ! Tous ces bons moments que vous ne vivrez

plus ensemble, toutes ces petites paroles, ces gestes d'amour que vous ne pourrez plus échanger. Vous vous rendez compte à quel point vous l'aimiez, mais c'est trop tard.

Eh bien non, ce n'est pas trop tard, car votre partenaire est bien vivant dans la réalité ! Tout ce que vous ne lui dites pas, par peur du ridicule ou d'un excès de sentimentalité, exprimez-le sans tarder : « Je t'aime tellement », « La vie avec toi est si agréable », « Je suis heureux de partager mon existence avec toi », etc. Ne remettez jamais à plus tard une parole gentille ou une marque d'attention. Car un jour, et nul ne sait quand, ce sera vraiment trop tard !

Ne remettez jamais à plus tard une parole gentille ou une marque d'attention.

« Vis chaque jour comme si c'était le dernier » exhortait l'empereur romain Marc Aurèle. Ce conseil est d'autant plus valable pour la vie amoureuse, si fragile que sa durée ne peut jamais être prédite. Ce qui est sûr, c'est qu'elle est toujours trop courte : l'autre est mortel, il peut contracter une maladie, il peut s'en aller… En un mot, cher aux philosophies orientales, la relation amoureuse est impermanente.

Mettez de la présence, de l'intensité dans votre quotidien. Cela se joue maintenant, pas hier ni demain. Si vous passez un moment avec votre conjoint, soyez entièrement à ce que vous faites. Que vos soucis de bureau restent au bureau, votre rendez-vous chez le médecin du lendemain reste au lendemain.

Placez toutes vos forces dans l'instant présent, comme si le temps vous était compté (en réalité, il l'est, mais on a tendance à l'oublier) : cette soirée en tête-à-tête est peut-être la dernière, profitez-en pleinement, comme lorsque vous n'aviez que quelques heures pour tenter de séduire une personne, une dizaine de minutes pour convaincre un employeur potentiel de vous engager, ou quelques secondes pour parcourir le cent mètres aux jeux olympiques. Donnez tout à l'instant présent et transformez-le en un moment d'une intensité merveilleuse.

Redevenir amoureux

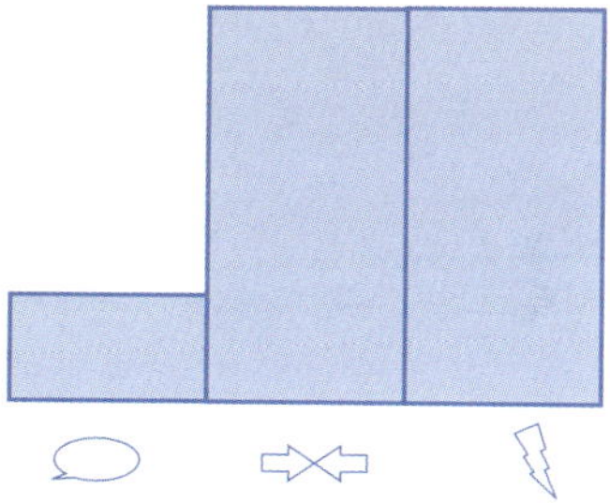

Quand il regardait un morceau de marbre, le sculpteur Michel-Ange disait qu'il voyait d'emblée et très clairement la forme qui allait en sortir. Son travail consistait « simplement » à libérer cette forme de la masse de la pierre. C'est un peu comme cela que fonctionne la passion amoureuse : sous l'influence accrue de quelques neurotransmetteurs particuliers, elle permet de voir l'autre sous son meilleur jour, comme idéalisé. Mais avec le temps, l'effet de ces substances tend à diminuer et l'idéalisation disparaît au profit d'une réalité souvent cruelle.

Mais rien ne nous empêche de réactiver ce mécanisme d'idéalisation, volontairement et sans l'aide artificielle de quelques décharges de dopamine ou de sérotonine. C'est ce que l'on nomme l'effet Michel-Ange.

Comme le sculpteur révèle au public la forme contenue dans le marbre, le partenaire permet à la personne aimée de donner le meilleur d'elle-même, en un mot de se surpasser. Grâce à ses encouragements répétés, cette personne va effectivement « s'améliorer », c'est-à-dire se rapprocher de l'idéal. Comment est-ce possible ? Simplement par renforcements successifs des comportements appréciés.

Chaque fois que le partenaire récompense une attitude ou un geste d'un sourire, de félicitations, d'un cadeau, etc., il l'encourage à le reproduire.

Il est vrai que tout le monde n'est pas Michel-Ange et que rares sont les personnes capables de faire sortir un Moïse d'un bloc de marbre. Pour que cet effet soit efficace dans les couples, deux conditions doivent être remplies. D'abord, l'idéal ne doit pas être trop distant de la réalité. Faute de quoi, on ne peut révéler l'autre à lui-même, mais uniquement

l'aliéner en le forçant à être ce qu'il n'est pas. La deuxième condition coule de source : il faut un réel désir de s'engager dans la relation.

Très concrètement, on peut idéaliser son partenaire (qu'il est merveilleux d'idéaliser quelqu'un que l'on connaît déjà !), c'est-à-dire choisir de se focaliser sur ses bons côtés, ses qualités, plutôt que sur ses défauts. Être persuadé que c'est le meilleur partenaire qui soit agit comme un soufflet sur la flamme de l'amour.

Idéaliser son partenaire, se focaliser sur ses bons côtés et ses qualités, plutôt que sur ses défauts, se persuader que c'est le meilleur partenaire qui soit, tout cela permet de raviver la flamme.

De même, cultiver la tendresse et l'estime réciproque, se remémorer les bons souvenirs communs (de la période où l'on était tout amoureux), parler de ses sentiments, recèlent des pouvoirs magiques étonnants sur la passion. Comportez-vous comme des amoureux, et vous le redeviendrez : faites des folies, achetez un cadeau inattendu, décidez de prendre l'avion et de vous offrir un week-end plutôt que de rester devant la télévision, mariez-vous (symboliquement) une deuxième fois, etc. Et n'allez pas croire que cela n'est que simulation : une fois le signal donné au cerveau, la réaction en chaîne des déferlements hormonaux de l'amour peut avoir lieu.

Et les enfants, dans tout ça ? Ils en seront les premiers bénéficiaires, car quoi de plus sécurisant et stimulant pour des petits que de voir leurs parents rayonner d'amour l'un pour l'autre ?

Conclusion

Certaines vérités ont tendance à s'oublier avec l'arrivée des enfants : la vie de couple est une affaire… de couple, et en aucun cas de famille. Le couple précède toujours l'arrivée d'enfants et la constitution d'une cellule familiale. Et normalement, il doit lui survivre ! Lorsque les enfants partent, et ils finissent toujours par s'en aller, il ne reste que la dyade parentale, redevenue couple.

À ce moment de vérité, le constat est simple : soit il reste un couple, et l'aventure peut continuer, soit il reste deux individus qui n'ont plus rien en commun que des enfants qui mènent leur propre vie, avec cette alternative : rester ensemble par habitude et commodité, ou alors se séparer pour que chacun retrouve une vie plus riche et stimulante.

Est-ce vraiment le but d'une vie amoureuse que de s'éteindre progressivement ? Est-ce vraiment souhaitable d'augmenter encore les taux de divorce et la somme des problèmes qui l'accompagne généralement ?

L'amour est le feu de la vie, et s'il ne peut brûler entre deux êtres, il renaîtra dans un autre foyer. C'est pourquoi alimenter et entretenir le couple parental, ce n'est pas un luxe, mais une nécessité.

En définitive, alimenter et entretenir le couple parental, ce n'est pas un luxe, mais une nécessité.

Le secret pour entretenir la flamme, bébés ou pas, est principalement affaire d'envie. Envie d'accorder du temps à son couple, de le cajoler, de le faire croître, de lui donner une place de choix dans la vie de famille. Ce désir prend souvent la forme d'une lutte contre les éléments qui tendent à empiéter sur son territoire. Peut-être est-ce la meilleure définition : défendre le terrain du couple contre les forces qui l'envahissent : stress en tout genre, professions exigeantes, activités sociales gourmandes en temps, loisirs et, surtout, enfants.

Il n'est pas normal d'être résigné : l'usure du temps n'est pas une fatalité ! Le désir et la tendresse ne sont pas condamnés à quitter le couple parental. Au contraire, lorsque ceux-ci sont chéris comme des biens infiniment précieux, ils peuvent s'épanouir. Les parents connaissent habituellement la recette pour amener un bébé démuni à devenir un adulte bien portant et équilibré : beaucoup d'amour et de soins ! Il n'en va pas autrement avec une vie couple…

Alors, parents, ne laissez pas
le fruit de vos amours faner
la fleur de votre amour !

Du même auteur
aux Éditions Jouvence

Au diable la culpabilité !
Cessez de vous culpabiliser
et retrouvez votre liberté intérieure

Yves-Alexandre Thalmann

La culpabilité est un sentiment aussi répandu que difficile à vivre, qui peut même devenir pathologique, empoisonnant toute notre vie. Quels sont au juste les bienfaits ou méfaits de la culpabilité ? En répondant amplement à ces questions, ce livre vous ouvre la voie de la liberté intérieure.

208 pages • Prix : 16,50 € / 29 CHF

Achevé d'imprimer
sur les presses de l'imprimerie Agpograf-Catalogne
Dépôt légal : Janvier 2008